數＝學＝（女×孩）

秘密筆記

統計篇

数学
ガールの
秘密ノート

やさしい統計

衛宮紘 譯　　前師範大學數學系教授兼主任　　日本數學會出版貢獻獎得主

洪萬生 審訂　　結城浩 著

獻給你

本書將由由梨、蒂蒂、米爾迦和「我」，展開一連串的數學對話。

在閱讀途中，若有抓不到來龍去脈的故事情節，或看不懂的數學式，請你跳過去繼續閱讀，但是務必詳讀女孩們的對話，不要跳過！

傾聽女孩，即是加入這場數學對話。

登場人物介紹

「我」
　　高中二年級，本書的敘述者。
　　喜歡數學，尤其是數學公式。

由梨
　　國中二年級，「我」的表妹。
　　總是綁著栗色馬尾，喜歡邏輯。

蒂蒂
　　高中一年級，是精力充沛的「元氣少女」。
　　留著俏麗短髮，閃亮大眼是她吸引人的特點。

米爾迦
　　高中二年級，是數學資優生、「能言善道的才女」。
　　留著一頭烏黑亮麗的秀髮，戴金框眼鏡。

瑞谷老師
　　學校圖書室的管理員。

C O N T E N T S

序章

數據太多，讓人一頭霧水。
若只有一項，也許就能了解？
若只有一項，或許能夠了解吧。

平均數、變異數、標準差。

數據太多，讓人一頭霧水。
若只有一項，或許能夠了解吧。

若是如此，為何會有這麼多的數據呢？

雖然不了解，但想去了解。
因為不了解，才想去了解。

重覆投擲，
能夠解開硬幣問題嗎？
多擲幾次，
就能找出硬幣的不均勻嗎？

期望值、標準化分數、虛無假設。

若只有一項，讓人一頭霧水；
海量數據，或許能夠了解吧。

或許──就能更了解你。

第 1 章

圖表的詭計

「簡單易懂才能正確傳達。」

1.1　常見的圖表

我是高中生，今天在家裡的客廳，和表妹**由梨**一起觀看電視。

我：「喔，又出現了。」

由梨：「咦？出現什麼？」

我：「**圖表**啊，又在電視廣告上出現了。」

由梨：「那又怎麼了？圖表比較簡單易懂，當然常常出現啊。」

我：「妳真的認為圖表簡單易懂？」

由梨：「哥哥的『老師模式』又來了。我才不會上鉤咧！」

我：「這才不是『老師模式』呢。」

由梨：「誰說不是。剛剛哥哥不就問：

『妳真的認為圖表簡單易懂？』

如果我回答：

『對啊！』

哥哥肯定會一副高高在上的態度：

『一般會這麼想，但其實不對喔，由梨。』

這不就是『老師模式』？」

我：「先不管那個，妳真的認為圖表簡單易懂？」

由梨：「對啊！因為給出一堆零散的數字，也只是讓人不明所以，圖表比較簡單易懂！」

我：「一般會這麼想，但其實不對喔，由梨。」

由梨：「老師模式……」

我：「很多人都會認為圖表簡單易懂。的確，相較於列出數字的表格，圖表比較一目瞭然。」

由梨：「不對嗎？」

我：「雖然一目瞭然很好，但有沒有正確理解是另外一回事。」

由梨：「一目瞭然不就是正確理解嗎？」

我：「那麼，我們實際作圖看看吧。妳先把電視關掉。」

由梨：「好——」

1.2 製作表格

我：「下面要說的是虛構的數據。譬如——假設要調查某間公司的員工人數。」

由梨：「某間公司，像是『由梨股份有限公司』嗎？」

我：「這個嘛，名稱不重要。由梨是總裁嗎？」

由梨：「呵呵。」

我：「現在要調查由梨股份有限公司的員工人數。假設開始調查的初始年，也就是第 0 年的社員人數有 100 人，第 1 年有 117 人。」

由梨：「第 1 年員工就增加了。」

我：「往後各年為 126 人、133 人、135 人、136 人。」

由梨：「嗯⋯⋯就算丟出這麼多數字也沒有實感呢。」

我：「出現很多數字的時候，可以試著製作表格。由表格來看，每年的員工人數就很清楚了。」

由梨：「對喔。」

年	0	1	2	3	4	5
員工人數（人）	100	117	126	133	135	136

由梨股份公司的員工人數

我：「來，由上面的表格——可以知道什麼？」

由梨：「員工人數。」

我：「嗯，可以知道員工人數。其他還有什麼？」

由梨：「人數在增加。」

我：「嗯，可以知道員工人數在增加。數字由左而右逐漸增加
嘛。」

由梨：「這很簡單啊。」

我：「這間公司的總裁——由梨總裁，想以這張表格調查員工
人數的變化。於是，她試著畫出折線圖。折線圖常用來表
示變化。」

由梨：「嗯。」

我：「折線圖的製作不難，就像這樣。」

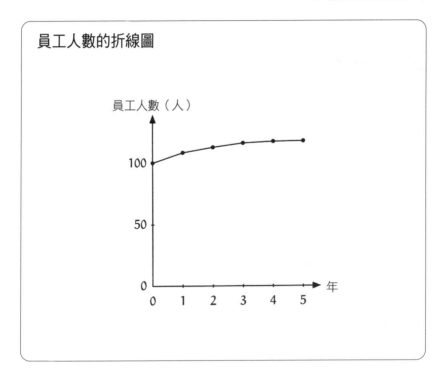

員工人數的折線圖

由梨：「員工人數果然一點點在增加。」

我：「但是，由梨總裁卻對這點感到不滿意。」

由梨：「嗯？」

1.3 想要看起來增加很多

我：「假設由梨股份有限公司的總裁，對員工人數沒有急遽增
　　加感到不滿。」

由梨：「雇用多一點員工不就好了？」

我：「公司沒有那麼多資金。所以，總裁想要修正圖表，讓員工人數看起來增加很多。」

由梨：「誇大數據！」

我：「沒有、沒有，這不是誇大數據。富有正義感的由梨總裁，怎麼會做這種事呢？」

由梨：「當然啦。」

我：「總裁只是像這樣切掉折線圖的下半部而已。」

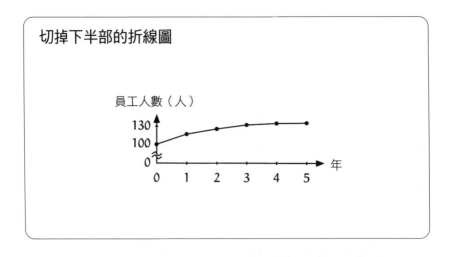

切掉下半部的折線圖

由梨：「這樣員工看起來像是突然──增加了喵。」

我：「妳知道看圖表時要注意哪裡嗎？」

由梨：「嗯……注意縱橫軸嗎？」

我：「沒錯！看圖表時一定要『確認縱橫軸和刻度』。如果有數字，也要注意單位。」

由梨：「知道了，老師。」

我：「仔細看切掉下半部的圖表縱軸，可以在這裡發現『省略』的波浪線。」

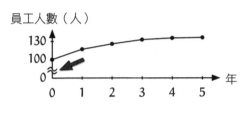

表示省略的波浪線

由梨：「有耶——」

我：「所以，這樣不是誇大數據，圖表也沒有造假。」

由梨：「嘛，是沒錯啦……」

我：「圖表也可以不用波浪線喔。只要取好刻度範圍，這樣也是正確表示變化。」

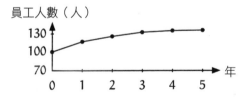

沒有波浪線的情況

由梨：「的確，刻度沒有問題。」

我：「但是，由梨總裁還是感到不滿意。」

由梨：「啊？」

1.4　想要看起來增加更多

我：「雖然切掉下半部分了，但員工人數看不出有很大的變化。」

由梨：「因為是同一份數據啊。」

我：「於是，總裁試著像這樣拉長圖形的縱軸。」

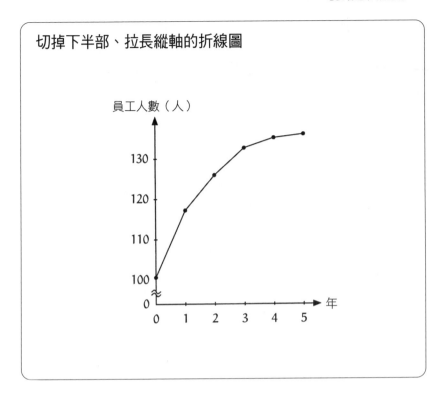

切掉下半部、拉長縱軸的折線圖

由梨：「這太誇張了！看起來像是暴增嘛！」

我：「但是，圖表並沒有造假。這只是縱軸的刻度間隔取得比較大，沒有竄改任何數值。」

由梨：「的確是這樣沒錯，但員工人數看起來比實際增加更多。」

我：「沒錯，只是切除下半部、拉長縱軸，沒有造假任何數值，但顯然製作圖表的人別有意圖。」

由梨：「意圖？」

我：「是啊。想要利用圖表讓員工人數**看起來**增加很多的意圖。」

由梨：「這樣做不對！」

我：「不盡然如此。像這樣切除拉長，可以放大細部的變化，使數據的變化樣貌更為清楚。因此不能單純斷定切除和拉長圖表不對喔。」

由梨：「是這樣嗎——」

我：「也因為如此，觀看圖表的人需要多加注意才行。」

由梨：「什麼意思？」

我：「前面是以**製圖者**的立場來說，製圖者利用切除擴大的方式，使圖表『看起來很厲害』。」

由梨：「是啊。」

我：「另一方面，**觀看者**需要思考『如果沒有切除，看起來如何？』、『如果沒有擴大，看起來如何？』。可能的話，也可以試著動手重新製作圖表。如此一來，不論由梨總裁怎麼強調『員工人數增加這麼多！』，都能夠作出反擊的圖表。」

由梨：「原來如此喵……」

我：「接著，就輪到跟由梨總裁唱反調的總經理登場了。」

由梨：「嗯？」

1.5 想要看起來增加不多

我：「總經理啊。假設——總經理虎視眈眈下任總裁的位子，想要攻擊總裁的主張。換句話說，總經理想以圖表營造『員工人數增加不多』的印象。」

由梨：「真是勾心鬥角的公司喵。」

我：「於是，總經理決定製作『年度增加人數』的表格。」

年	0	1	2	3	4	5
員工人數（人）	100	117	126	133	135	136
年度的增加人數	×	17	9	7	2	1

員工人數與年度增加人數

由梨：「第 1 年的 17 人，是 $117 - 100 = 17$ 嗎？」

我：「沒錯。這是用來表示比前一年增加多少人。其中，第 0 年沒有前一年，所以畫叉表示。」

由梨：「這是階差數列！」

我：「沒錯。年度增加人數的確是階差數列＊。」

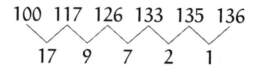

由梨：「然後呢？這能看出什麼嗎？」

我：「妳瞧，雖然員工人數在增加，但員工的增加人數不是在
　　減少嗎？」

由梨：「嗯？……啊，真的。17、9、7、2、1 逐漸減少，但員
　　工人數本身是在增加。」

我：「把這些數值畫成折線圖後，妳覺得怎麼樣……」

＊請參閱《數學女孩秘密筆記 數列廣場篇》。

年度增加人數的折線圖

增加人數（人）

15

10

5

0

0　1　2　3　4　5　年

由梨：「啊，是這樣啊。乍看這張折線圖，員工人數看起來像在減少呢。」

我：「沒有注意縱軸的冒失鬼，就會這麼認為吧。」

由梨：「然後，總經理就會拿出這張圖表，質問：『總裁！您對此現狀有何想法？』」

我：「哈哈，就是這樣。當然，這張圖表也沒有造假，只是把年度增加人數畫成折線圖而已。」

由梨：「真是神奇耶，哥哥。明明是同一份數據——

- 逐漸增加
- 大幅增加
- 正在減少

——卻可以作成不同觀感的圖表。」

我：「所以，雖然圖表或許是『一目瞭然』，但得留意才能『正確理解』喔。我們要有閱讀圖表的能力才行。」

由梨：「原來如此！」

1.6　長條圖

我：「剛才提到，總經理製作員工人數看起來急劇減少的折線圖對吧？」

由梨：「嗯。雖然員工人數實際上並沒有減少。」

我：「接著，總經理又作了長條圖。」

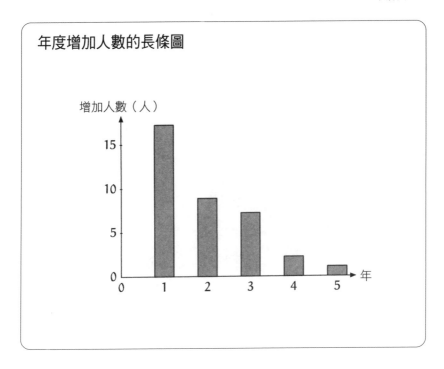

年度增加人數的長條圖

由梨：「這感覺和剛才的折線圖一樣。」

我：「沒錯。長條圖是利用『高度』表示數值的大小。」

由梨：「是這樣沒錯。」

我：「總經理心想：表示數值大小的『高度』，應該可以用圓形來取代長條圖的長方形吧。」

由梨：「圓形的長條圖是怎麼回事？」

我：「就像這樣。」

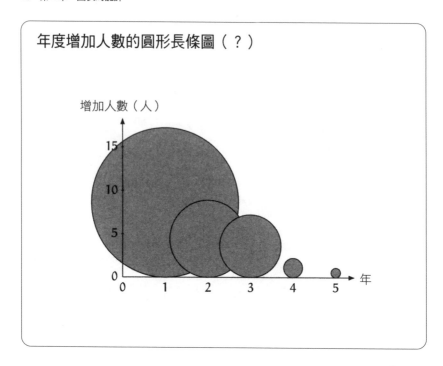

年度增加人數的圓形長條圖（？）

增加人數（人）

由梨：「咦──？！這和剛才的是同一張圖嗎？」

我：「總經理把圓的直徑分別定為 17、9、7、2、1。」

由梨：「哥哥！這樣不太妙吧！你瞧，圓突然縮得這麼小，看起來像是瞬間減少。」

我：「沒錯。即便嘴巴上說是以圓的『直徑』表示數值的大小，我們還是會受圓的『面積』影響，覺得圓的面積才是表示數值的大小。所以，數據不是原先的 17、9、7、2、1，而是17^2、9^2、7^2、2^2、1^2，感覺變成 289、81、49、4、1。」

由梨:「這不能算是正確的圖表了吧。」

我:「沒錯。這太過誇張了。但是,社會上充斥著許多騙人的**圖表詭計**。剛才電視的廣告,就出現了類似的圖表喔,還有貌似以圓的直徑表示數量的長條圖。」

由梨:「好厲害喔,哥哥!你這麼輕易就識破了?」

我:「其實,騙人的圖表詭計經常出現喔。

- **縱橫軸**標示不清的圖表
- 刻度不實的圖表
- 容易招人誤會的圖表

這些都經常看到。每當看到圖表,只要留意『**是否使用了圖表的詭計?**』,你就會發現許多圖表都有問題喔。」

由梨:「這樣啊!」

我:「把圓的直徑乘以 2 倍,圓的面積就會變成 4 倍,更能凸顯大小上的差異。但是,觀看者馬上就會察覺不對勁,對製圖者完全失去信用。」

由梨:「也對。這太過明顯了。」

1.7　改變橫軸

我：「總裁想要展現員工人數增加，總經理卻不這麼想——在這樣的設定下，端看製圖者的意圖，同一份數據可以作成不同的圖表。」

由梨：「利用圓形直徑的長條圖太過誇張了。由梨總裁應該會氣憤：『總經理不講理的圖表不可原諒！』想要強調『員工增加很多』的圖表喵。稍微改變縱軸的刻度，就能看起來像是員工增加。」

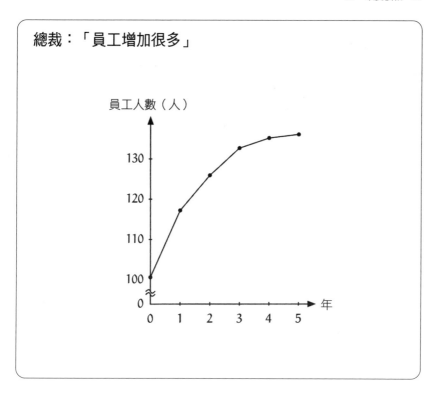

總裁：「員工增加很多」

我：「除了縱軸以外，改變橫軸的刻度也能大幅改變印象。根據同一份數據，只畫出第 3 年、第 4 年和第 5 年，折線圖感覺像是『員工幾乎沒有增加』。」

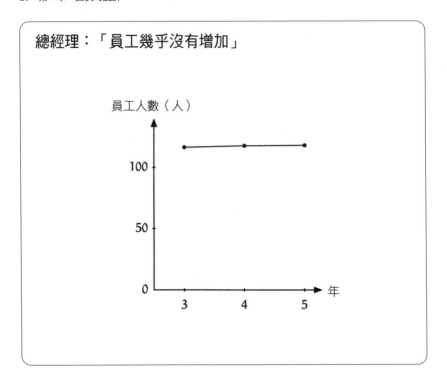

由梨：「對喔，除了怎麼繪製圖表之外，**選擇數據**來繪製圖表 也很重要，對吧？哥哥！」

我：「沒錯。切掉圖表的左側，就只能看到數據中最近的數值； 相反地，延長圖表的左側，就可以看到很久以前的數值， 像是著名的**股價走勢圖**。」

1.8 股價走勢圖

由梨：「股價？」

我：「妳有聽過『股票』嗎？」

由梨：「我不太清楚。」

我：「公司為了籌集資金對外販售『股票』，股票的價位就是
股價。當紅的公司股票大家搶著買，股價會變高；冷門的
公司股票則相反，股價會變低。股價隨時都在變化。」

由梨：「嗯──不是很了解。要怎麼知道大家搶著買呢？」

我：「是嗎？那這邊不深入股票的買賣，只要知道有股票這樣
東西，它的價格經常在變化就好了。」

由梨：「嗯嗯？」

我：「一般人是透過證卷公司來買賣公司的股票。譬如，由梨
以 100 日圓買進某間公司的股票，在 150 日圓時賣出該股
票。這樣由梨能夠賺進差額 150 － 100 ＝ 50 日圓。」

由梨：「……才 50 日圓？這樣賺不了多少錢吧？」

我：「大量買賣股票，就能賺更多錢喔。譬如，買進 1 萬張單
價 100 日圓的股票，在 150 日圓時全部賣出，就能夠賺進
50 萬日圓。」

由梨：「啊，對喔。」

我：「股價直接影響獲利，所以，股票投資人才會非常關心股價的變化。譬如圖表 1，有些人會認為『股價持續上漲』吧。」

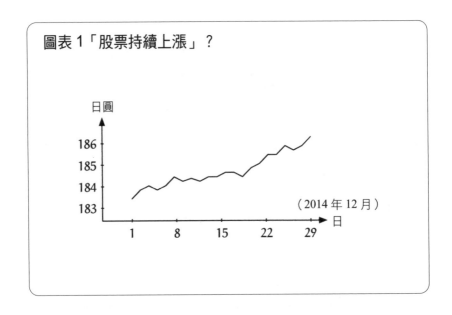

圖表 1「股票持續上漲」？

由梨：「咦？這不是很明顯嗎？真的在上漲啊。」

我：「真的是這樣嗎？」

1.9 其實是下跌

由梨：「又是老師模式？圖表的刻度沒有造假，雖然有些地方
　　　下跌，但整體不是在上漲嗎？」

我：「那麼，我們再看同間公司的另一張股價走勢圖吧，譬如
　　圖表 2，妳有什麼想法？」

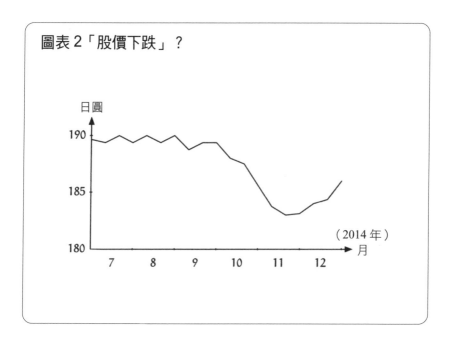

圖表 2「股價下跌」？

由梨：「咦？這和圖表 1 完全不同啊。」

我：「閱讀圖表時──記得『確認縱橫軸和刻度』喔。」

由梨：「對喔……嗯……時間範圍不一樣。圖表 1 的範圍是一個月；圖表 2 的範圍是半年。」

我：「沒錯。」

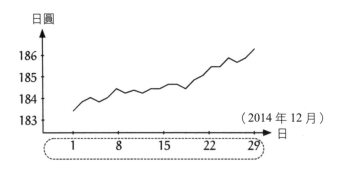

圖表 1 的範圍是一個月

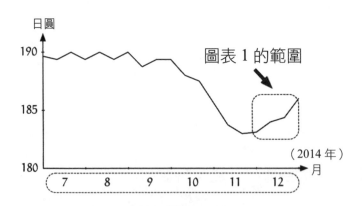

圖表 2 的範圍是半年

由梨:「只是改變範圍而已,圖表就差這麼多!」

我:「沒錯。圖表 1 顯示的只是圖表 2 的一部分而已。」

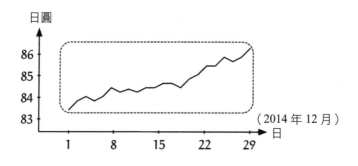

由圖表 1,股價看似持續上漲

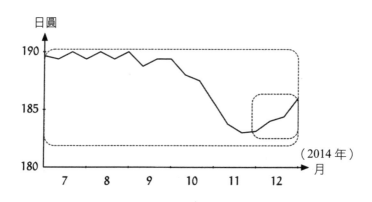

由圖表 2,可知股價並非持續上漲

由梨：「換句話說，股價的實際走勢是『7 月、8 月、9 月穩定，後面突然暴跌，到 12 月時稍微回漲』。」

我：「沒錯，就是這樣。」

由梨：「然後，股價持續上漲是錯的。」

我：「真的是這樣嗎？」

1.10 其實是持續上漲

由梨：「不對嗎？但是，由圖表 2 來看，確實是這樣啊。」

我：「我們再看同間公司的另一張股價圖表 3 吧。」

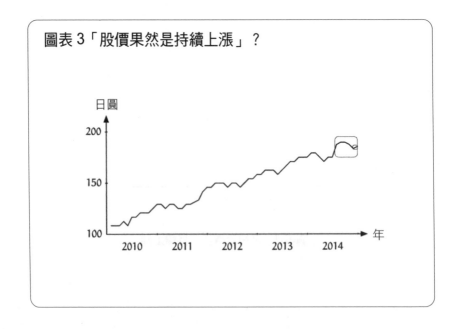

圖表 3「股價果然是持續上漲」？

由梨:「這次的時間範圍是年!」

我:「沒錯。圖表 1→圖表 2→圖表 3,不斷拉大時間的範圍。」

圖表 1「月範圍的股價是上漲」

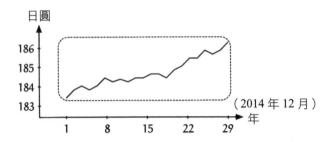

（2014 年 12 月）

圖表 2「6 個月範圍的股價是穩定→下跌→上漲」

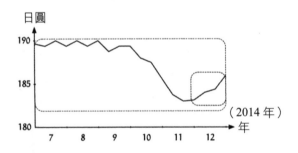

（2014 年）

圖表 3「5 年範圍的股價是持續上漲」

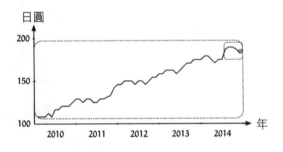

由梨：「嗯……但是，時間範圍再拉大 10 年，就不曉得情況了吧。」

我：「沒錯。」

由梨：「這樣的話，什麼才是『真正的股價走勢』？如果上漲圖表的股價未必上漲，那不就沒有任何意義了嗎？」

我：「嗯。所以需要有限制條件，像是這一個月內的股價在上漲──之類的。」

由梨：「限制條件啊……」

1.11 員工人數的比較

由梨：「話說回來，總裁和總經理的勾心鬥角結束了？」

我：「前面說到，改變圖表的刻度可以給人不同的印象嘛。這次來說『怎麼不著痕跡地改變刻度』吧。」

由梨：「喔──？」

我：「接下來要說勾心鬥角的公司，就別再用由梨的名字，改成『A 公司』吧。假設 A 公司和競爭對手 B 公司的員工人數如下頁的表格。」

年	0	1	2	3	4	5
A 公司	100	117	126	133	135	136
B 公司	2210	1903	2089	2020	2052	1950

A 公司與 B 公司的員工人數（單位：人）

由梨：「A 公司和剛才一樣，人數逐漸增加。」

我：「對，沒錯。那 B 公司呢？」

由梨：「2210、1903、2089、2020、2052、1950，嗯……人數有增有減吧？」

我：「上面的表格看起來『A 公司員工逐漸增加；B 公司員工有增有減』。」

由梨：「嗯嗯，對啊。」

我：「真的是這樣嗎？」

1.12　比較員工人數的圖表

由梨：「不用懷疑吧……哥哥剛才也這樣說了啊。」

我：「那麼，看過圖表 4 後，妳還是這麼認為嗎？」

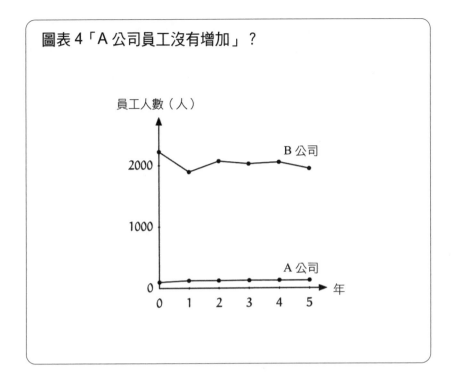

圖表 4「A 公司員工沒有增加」?

員工人數（人）

B 公司

A 公司

年

由梨：「喔喔！對喔。這樣 A 公司員工看起來就像沒有增加！」

我：「妳知道這是為什麼嗎？」

由梨：「我知道！A 公司員工大約只有一百人，而 B 公司員工遠多於一百，約有二千多人。所以，在圖表 4，A 公司員工的增加相較起來不明顯！」

我：「就是這麼回事。」

由梨：「原來如此喵……嗯，這麼說，『A 公司員工逐漸增加』是錯誤的？」

我：「需要另外補充說明才能這樣主張喔，像是『A 公司的員工人數逐漸增加，但相對於 B 公司的人數規模，增加幅度比較小。』」

由梨：「一般很難這樣果斷地說出來吧。」

我：「當然，事情沒有這麼單純。所以，若只是秀出圖表，不加以說明便表示『如同所見』是不負責任的行為。」

由梨：「嗯…但是『B 公司的人數遠多於 A 公司的人數』，不就是『如同所見』了嗎？」

我：「真的是這樣嗎？」

1.13　平分秋色的演出

由梨：「不對嗎？一百人和二千人差很多啊。」

我：「那麼，看過圖表 5 後，妳還是這麼認為嗎？」

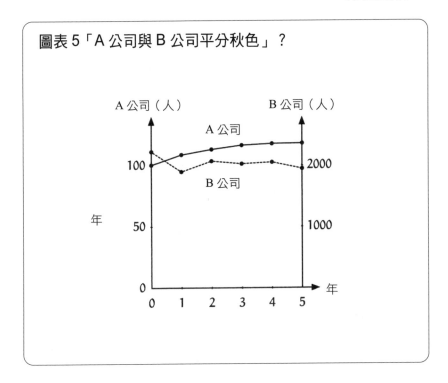

圖表 5「A 公司與 B 公司平分秋色」?

由梨：「哇！哥哥，這樣太奸詐了！A 公司和 B 公司的圖表刻度根本不一樣嘛！」

我：「沒錯。在圖表 5，A 公司對應左側的刻度；B 公司對應右側的刻度。由這張圖表來看，A 公司的人數和競爭對手的 B 公司像是平分秋色。」

由梨：「這張圖表算是犯規了吧。」

我：「就 A 公司和 B 公司的『**員工人數比較圖**』來說，這張圖表的確不妥。但是，就『**員工人數的變化比較圖**』來說，這圖表非常適合喔。」

由梨：「變化比較？」

我：「妳剛才不是也說了嗎？A 公司逐漸減少，而 B 公司有增有減。」

由梨：「喔……從圖表 5 來看，的確是這樣沒錯。」

我：「沒錯。折線圖適合用來觀察變化。圖表 5 是調整 A 公司和 B 公司的員工規模，藉以比較兩者的變化。我們有時會想要比較不同規模的事物。」

由梨：「原來如此……」

1.14　選擇比較對象

由梨：「話說回來，真是畫了不少圖表喵。」

我：「B 公司的規模大於 A 公司，相反地，假設 C 公司、D 公司的規模小於 A 公司，比較這三家公司後，A 公司的給人印象會大為改觀喔。看一下圖表 6 吧。」

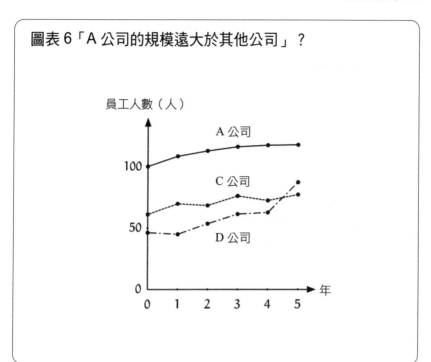

圖表6「A公司的規模遠大於其他公司」?

員工人數（人）

A公司

100

C公司

50

D公司

0

0　1　2　3　4　5　年

由梨：「這和**圖表4**的情況相反耶。跟員工比較少的公司比較，A公司的規模看起來變大了。」

我：「沒錯。」

由梨：「這已經偏離圖表了，不是在講『怎麼繪製圖表』，而是『和哪些公司做比較』了吧。」

我：「嗯，是啊。」

由梨：「嗯……我原先以為圖表簡單易懂，但其實沒有那麼單純……」

我：「因為圖表含有製圖者的意圖嘛。」

由梨：「這樣還算是數學嗎？」

我：「就人為意圖改變表現方式來說，製作圖表或許偏離數學了吧。」

由梨：「……」

我：「但是，就調查數據的各種面向來說，我想這還算是數學。重要的不是『感覺上』，而是『有所根據』。這個時候，圖表就是最有效果的表現手法。但是，想由一張圖表來了解全貌，那就大錯特錯了。」

由梨：「嗯，我也這麼想。由一張圖表可知道的事情少之又少，多作幾張圖表才能了解更多事情。」

我：「說得沒錯。」

由梨：「聽到『如同圖表 6，A 公司的員工人數遠多於其他公司』，讓人忍不住想頂回去：『這圖表沒有標示 B 公司！』」

我：「是啊。數學和圖表是不會說謊的，會想要混淆是非的是人。」

1. 15　市場競爭

由梨：「而且，就算說『遠多於其他公司』，又不表示員工多就比較有優勢。」

我：「說得沒錯。妳真敏銳。」

由梨：「嘿嘿。」

我：「那麼，接著來看 A 公司和 B 公司在產品方面的**市場競爭**吧。」

由梨：「市場競爭是指什麼？」

我：「就是哪家產品賣得比較好的意思。假設 A 公司販售產品 α。」

由梨：「像是洗衣機嗎？」

我：「為什麼是洗衣機……算了，也可以啦。假設 B 公司販售了產品 β。為了簡化情況，設想市場上只有這兩家公司生產洗衣機吧。**圖表 7** 表示產品 α 和產品 β 在市場上各佔多少百分比。」

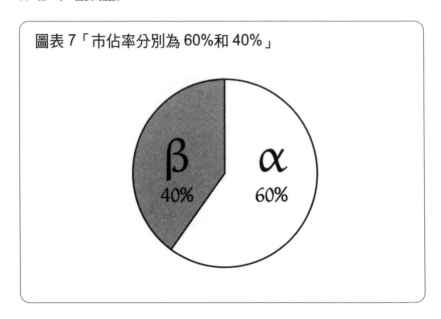

圖表 7「市佔率分別為 60% 和 40%」

由梨：「這次是**圓餅圖**啊。」

我：「沒錯。假設整體為 100%，α 和 β 的市佔率分別為 60% 和 40%。」

由梨：「A 公司賣得不錯嘛。」

我：「可是，A 公司的總裁想要 α 的市佔率看起來比較大。」

由梨：「又來了，經商就得這樣投機取巧嗎？」

我：「於是，總裁製作了圖表 8。」

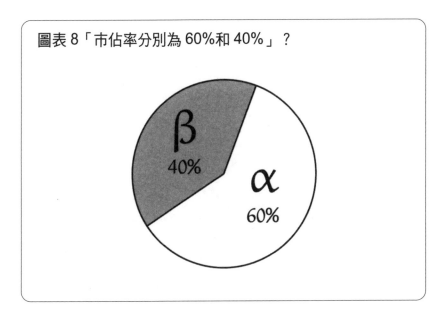

圖表 8「市佔率分別為 60% 和 40%」？

由梨：「嗯？α 的市佔率好像變大了？……哇，好奸詐！這張圓餅圖上面偏轉了！」

我：「沒錯。圓餅圖通常是從 12 點鐘方向開始，但圖表 8 有稍微偏轉。α 的扇形角度沒改變但稍微偏轉，光是這樣就能大幅改變給人的印象。」

由梨：「是啊。雖然只有偏轉一些。」

我：「接著利用遠近法。」

由梨：「遠近法？」

我：「如同**圖表 9**，把圓餅圖想成三次元圓板，傾斜某個角度
　　觀看。」

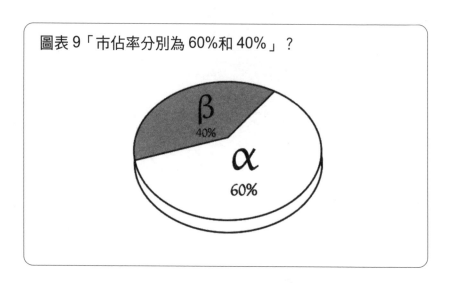

圖表 9「市佔率分別為 60% 和 40%」？

由梨：「這⋯⋯」

我：「在圖表 9，40% 的扇形看起來比較遠，β 會顯得更小。」

由梨：「哇，真的耶。」

我：「3D 圓餅圖非常不好、不妥當，但還有更糟糕的圖表。」

由梨：「什麼樣的圖表？」

我：「就像圖表 10。」

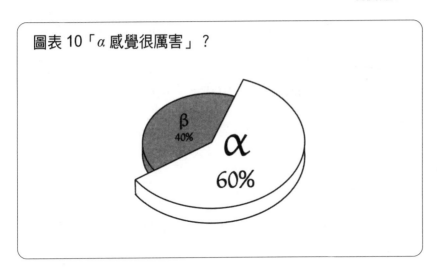

圖表 10「α 感覺很厲害」?

由梨:「這太誇張!太露骨了!」

我:「在圖表 10,α 的半徑大於 β 的半徑,而且 α 的文字也比較大。」

由梨:「嗯……」

1.16 比較什麼?

我:「即便不是三次元,只是改變比較的**事物**,也能畫出有問題的圓餅圖喔。」

由梨:「改變比較的事物……但也只有產品 α 和 β 啊?」

我：「這邊稍微改變設定，假設產品 β 有 β_1、β_2、β_3 三種型號，市佔率分別為 25%、10%、5%。」

由梨：「嗯⋯⋯意思是 25 ＋ 10 ＋ 5 ＝ 40%嗎？」

我：「沒錯。換句話說，現在要做的是，把產品 β 的市佔率細分成 3 部分。」

由梨：「⋯⋯」

我：「即便這樣細分，圓餅圖本身也沒有問題，全部加起來還是 100%。」

由梨：「嗯──」

我：「這樣畫出來的圓餅圖就是**圖表 11**。」

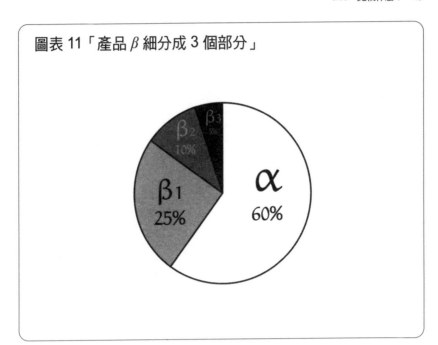

圖表 11「產品 β 細分成 3 個部分」

由梨：「這樣產品 α 看起來非常大……」

我：「沒錯。雖然是用同一份數據，只是把產品 β 的『一起比較』改為『細分比較』，給人的印象完全不同。」

由梨：「圖表有好多地方可以做手腳。」

我：「雖然圖表『一目瞭然』，但正因如此才危險，容易誤以為自己看懂了。圖表表示什麼？刻度和縱橫軸正不正確？有沒有隱藏條件？有沒有其他表現方式……等，如果沒有考慮到這些，可能就會誤導。」

由梨：「嗯……」

「正確，才有其意義。」

第 1 章的問題

●問題 1-1（閱讀長條圖）
某人欲比較產品 A 與產品 B 的性能，繪製下面的長條圖。

產品 A 與產品 B 的性能比較

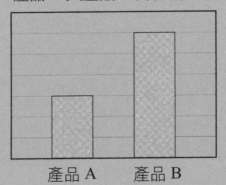

產品 A　　　產品 B

根據此長條圖，是否可說「產品 B 的性能優於產品 A」呢？

（解答在 p. 250）

●問題 1-2（閱讀折線圖）

下圖為某年 4 月至 6 月期間，餐廳 A 與餐廳 B 單月來客數的折線圖。

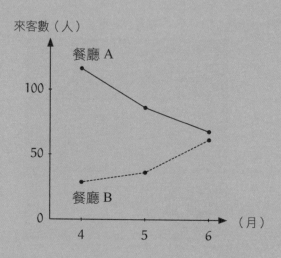

①由此折線圖，可說「餐廳 A 比餐廳 B 賺更多錢」嗎？

②由此折線圖，可說「餐廳 B 在該期間的單月來客數增加」嗎？

③由此折線圖，可說「餐廳 B 的 7 月來客數將多於餐廳 A」嗎？

（解答在 p. 253）

●問題 1-3（識破詭計）

某人以下面「消費者年齡層」的圓餅圖，主張「該商品的
熱銷年齡層在 10 歲～20 歲之間」。請對此提出反論。

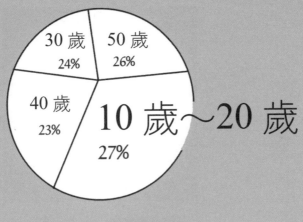

消費者年齡層

（解答在 p. 255）

第 2 章

平分均勻的平均數

「單一數字能表示什麼？」

2.1　測驗的結果

今天，表妹由梨綁著馬尾、身穿牛仔褲，又跑到我的房間玩耍。

我：「由梨，妳看起來很高興喔。」

由梨：「嘿嘿，很明顯嗎？」

我：「很明顯。妳一直在賊笑啊。」

由梨：「我哪有賊笑啊，這是微笑好嗎？」

我：「發生什麼好事了嗎？」

由梨：「嘿嘿，沒什麼，就之前的測驗啦。」

我：「啊，妳拿到不錯的成績吧。」

由梨：「五科中，最後發下來的數學，我拿到 100 分！」

我：「好厲害！……不過，測驗的滿分是 100 分嗎？」

由梨:「這樣問好過份!當然是滿分 100 分啊!這次測驗,其他 4 科考糟了,數學剛好救了回來。」

我:「數學考 100 分,提高了平均分數嘛。」

由梨:「對啊。多虧了數學,平均分數提高了 5 分!」

我:「原來如此,由梨 5 科的平均分數是 80 分啊。」

由梨:「嗯嗯嗯嗯!?給我等一下!」

我:「唉?不對嗎?」

由梨:「為什麼哥哥會知道我的平均分數?」

我:「當然知道啊……」

由梨:「你聽誰說的?」

我:「……妳自己說的。」

由梨:「我才沒有說!我只說——

- 最後 1 科數學拿到 100 分
- 多虧數學,平均分數提高了 5 分

——而已啊!」

我:「稍微算一下就知道了啊。」

由梨:「嗯?」

我:「這就像解這樣的問題嘛。」

問題 1（計算平均分數）
由梨應考 5 科各科滿分 100 分的測驗。
最後 1 科數學拿到 100 分。
平均分數因而提高了 5 分。
試問由梨的 5 科平均分數為多少？

由梨：「別換成數學問題啦！」

我：「這很容易解喔。」

由梨：「的確⋯⋯這可以解開。嗚——太大意了！數學 100 分
　　　提高平均分數 5 分，另外 4 科分得 20 分，所以 5 科的平均
　　　分數等於數學的 100 分減去 20 分的 80 分嘛⋯⋯哇——」

我：「咦？妳是怎麼算的？」

由梨：「咦？我是把『數學 100 分』超過『5 科平均分數』的
　　　分數，『平分給剩餘的 4 科』。」

我：「平分嗎？」

由梨：「因為另外 4 科必須各提高 5 分，所以要從數學分出 5×4
　　　＝ 20 分嘛。因此，5 科的平均分數會是數學的 100 分減去
　　　20 分。」

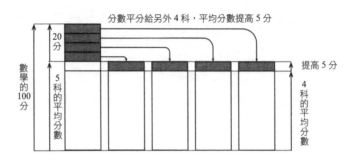

由梨的想法
（將數學的分數分給另外 4 科，平均分數提高 5 分）

我：「啊啊，原來如此。把數學的分數分給另外 4 科，平均分
　　數提高 5 分，這樣全部科目的分數就會相同。這的確很好
　　理解。」

由梨：「嘿嘿。」

我：「我的解法是這樣：假設數學以外的 4 科平均分數為 x 分，
　　則 4 科總分數為 $4x$ 分。加上數學的 100 分後，則 5 科的總
　　分數會是 $\underline{4x + 100}$ 分。然後，因為 5 科的平均分數比 4 科
　　的提高 5 分，所以 5 科的平均分數為 $x + 5$ 分。換句話說，
　　5 科的總分數會是 $\underline{5\,(x + 5)}$ 分。由這兩種觀點來想 5 科的
　　總分數，

$$4x + 100 = 5(x + 5)$$

　　就可以列出一次方程式，求解得 $x = 75$，所以 4 科的平均
　　分數是 75 分，而 5 科的平均分數是 80 分。」

由梨：「咦？哥哥是這樣心算出來的？」

我：「對啊，這又不難。要詳細寫下來也可以──

$$4x + 100 = 5(x + 5) \qquad \text{上頁的一次方程式}$$
$$4x + 100 = 5x + 25 \qquad \text{展開右式}$$
$$100 - 25 = 5x - 4x \qquad \text{進行移項}$$
$$x = 75 \qquad \text{計算後，交換左右式}$$

──結果會一樣。」

由梨：「真的耶……不對啦！你怎麼可以這樣若無其事偷算我的成績？好過分。」

我：「抱歉、抱歉。」

由梨：「一不小心就中了數學的詭計！」

我：「這才不是什麼詭計呢……」

解答 1（計算平均分數）
由梨的 5 科平均分數是 80 分。

由梨：「真的不能小看平均數……」

我：「平均數是代表值之一嘛。」

由梨：「代表值？」

2.2　代表值

我：「這不只限於測驗成績，**數據**經常要處理大量的數字。但是，數字過多反而不好處理，所以會想用『1 個數字』來做代表。只要算出這個數字，即便不知道每項數字，也能對數據有某種程度的掌握──這個數字就是**代表值**。平均數是代表值的一種，又稱為平均值。」

由梨：「喔──」

我：「前面的計算沒有揭露由梨全部科目的成績。雖然知道數學成績是 100 分，但其他科目就不知道了。譬如，數學成績是 100 分，剩餘 4 科全部都是 75 分，五科平均分數也會是 80 分，但並不知道實際的分數。」

由梨：「這次成績是被社會拉低的。」

我：「但是，知道平均分數 80 分後，就能大致掌握整體成績。5 科平均分數 80 分，5 科總分會是 400 分。」

由梨：「別管具體的分數啦！」

我：「妳在這次測驗數學拿到 100 分，100 分是 5 科成績中的**最大值**。最大值也是代表值的一種喔。」

由梨：「啊，原來代表值不是只有平均數啊。」

我：「沒錯，代表值還有很多種喔。跟最大值一樣，**最小值**也是代表值之一。這次考差的社會是幾分呢？」

由梨：「我才不說。不要這樣一直追問啦！」

我：「不想回答嗎？那就不逼問妳的成績了。」

由梨：「當然啊！不過，最大值怎麼會是代表值之一呢？」

我：「為什麼這麼想？」

由梨：「因為最大值是數據中最大的數字啊，不論其他的數字有多麼小，最大值都不會改變吧？這樣也可以作為代表值嗎？」

我：「嗯。最大值、最小值都是代表值的一種。我了解妳想說的。的確，不論數據中的數字多麼小，最大值都不會改變。比較兩個班級的數學成績，假設 A 班和 B 班都有 1 位以上的學生拿到 100 分，兩班的最大值同樣都會是 100 分。」

由梨：「對嘛。甚至可能 A 班只有一位學生拿到 100 分，其他人都拿到 0 分；B 班則全部都拿到 100 分。明明差這麼多，兩班的最大值都是 100 分啊！這樣根本不能說是代表全部數據的代表值嘛！」

我：「嗯。在調查『A 班和 B 班整班成績的好壞』時，的確不適合使用最大值。代表值有很多種，不同的情況得使用不同的代表值。另外，在討論數據的樣貌時，也要注意對方『使用哪種代表值』。」

由梨：「有使用最大值作為代表值的情況嗎？」

我：「當然有啊。測驗、運動大會等，都會關心『最大的數值』。譬如，馬拉松選手過去最快的紀錄，表示了該選手的最大能力。掌握自己的最佳時間很重要嘛。」

由梨：「原來如此，也對啦。但是，哥哥，馬拉松是比時間，選手不是看『最大值』而是看『最小值』喔！」

我：「嗚……」

由梨：「代表值只有平均數、最大值、最小值三種嗎？」

我：「還有其他的喔，像是**眾數**。」

由梨：「眾數？」

2.3 眾數

我：「在開始講眾數之前，先來說不適合使用平均數的情況。平均數經常作為代表許多數字的代表值，但也有單就平均數無法表達的情況。譬如，妳前面舉的極端例子：假設學生全部有 10 人──

- 1 位學生拿到 100 分
- 剩餘 9 位學生全拿到 0 分

──的情況。」

由梨：「一人完勝！」

我：「此時的平均分數……也就是分數的平均數是？」

由梨：「總分只有 1 位學生的 100 分，人數共有 10 人，所以 $100 \div 10 = 10$，平均數為 10 分。」

我：「沒錯。全員總分除以人數，得到平均數為 10 分。這個平均數在計算上正確，但妳不覺得奇怪嗎？」

由梨：「『平均數 10 分』感覺像是『大部分的人拿到 10 分』。」

我：「是啊，一般會這麼想，但這次的情況是，幾乎所有學生都拿到 0 分，『因為平均數是 10 分，所以大部分的人拿到 10 分』這個說法在結論上有偏誤。」

由梨：「在計算上正確，但在結論上不正確，好奇怪喔！」

我：「這是因為……

- 如何計算平均數
- 如何解釋平均數

是兩件不同的事情。即便平均數在計算上正確，得到的平均數也未必正確。」

由梨：「意思是『大部分的人拿到 10 分』的結論不正確？」

我：「是的。雖然說『平均數 10 分』，但不能說『大部分的人都拿到 10 分』。」

由梨：「可是，就算 10 人中有 9 人拿到 0 分，也不能說：『這邊的平均數是 0 分！』吧？」

我：「不能喔。我們不能隨便改變平均數的計算方式。」

由梨：「對喔，不要用平均，使用最小值不就好了？『最小值是 0 分，所以有人拿到 0 分』，這樣結論就沒問題了吧？」

我：「想法不錯。但是，就『一人完勝』的數據來說，最小值無法表現『拿到 0 分的人很多』。」

由梨：「也對……」

我：「在某些情況下，平均數有時不能完整呈現數據的樣貌。這個時候，就會使用其他代表值。眾數就是其中之一。眾數的『眾』是眾多的『眾』。以前面的例子來說，拿到 100 分有 1 人、拿到 0 分的有 9 人，人數最多的 9 人拿到 0

分。這樣的情況,『眾數是 0 分』。」

由梨:「原來如此喵。對喔!說『眾數是 0 分』,就能表示『拿到 0 分的人最多』嘛。」

我:「就是這麼回事。這才是正確的結論喔,由梨。到這邊,最大值、最小值、平均數、眾數等代表值就出現了。」

由梨:「全部就這些?」

我:「沒有。代表值還有很多喔,其他還有**中位數**。」

2.4 中位數

我:「10 位學生應考滿分 10 分的測驗,結果如下。」

分數	0	1	2	3	4	5	6	7	8	9	10
人數	1	2	2	1	3	0	0	0	0	0	1

由梨:「拿到最大值 10 分的人,遙遙領先他人。」

我:「最大值是 10 分、最小值是 0 分,平均數是多少?」

由梨:「嗯⋯全部人的總分除以人數,先把分數乘上人數⋯

分數	0	1	2	3	4	5	6	7	8	9	10
人數	1	2	2	1	3	0	0	0	0	0	1
分數×人數	0	2	4	3	12	0	0	0	0	0	10

全部加起來除以 10 對吧？（2 ＋ 4 ＋ 3 ＋ 12 ＋ 10）÷10
＝ 31÷10 ＝ 3.1，所以平均數是 3.1 分。」

我：「這樣就可以了，平均數是 3.1 分。再來，因為拿到 4 分
的人數最多，所以眾數是 4 分。」

分數	0	1	2	3	4	5	6	7	8	9	10
人數	1	2	2	1	3	0	0	0	0	0	1

由梨：「然後呢？」

我：「由這份數據可知，有 1 人表現出眾，分數遙遙領先他人，
拉高了整體的平均數。」

由梨：「可是，這不是理所當然嗎？」

我：「是啊。這種差距非常大的數值稱為**離群值**，根據情況，
有時要用不受該離群值影響的代表值，像是**中位數**。」

由梨：「中位……中間的數值？」

我：「沒錯。把學生的成績按高低排成一列，位於正中間的學
生分數就是中位數。換句話說，成績在該分數以上和以下
的學生人數相等的數值，就是中位數。啊，如果有人同
分，人數可能會不相等。」

由梨：「嗯⋯⋯」

我：「哪裡有問題嗎？」

由梨：「哥哥不是常說『舉例為理解的試金石』嗎？所以我想用前面的數據來想中位數⋯⋯但總人數 10 人是偶數，沒有正中間的人啊！」

我：「啊啊，如果遇到總數為偶數時，會以中間 2 人的平均數作為中位數喔。」

由梨：「原來如此。這樣一來，這份數據的中位數會是，右邊數來第 5 人和左邊數來第 5 人的平均數？」

我：「是的。」

由梨：「右邊數來第 5 人是 3 分、左邊數來第 5 人是 2 分，平均起來是 2.5 分，所以中位數是 2.5 分？」

此 2 人的平均數為中位數

我：「嗯，正確。」

各種代表值

分數	0	1	2	3	4	5	6	7	8	9	10
人數	1	2	2	1	3	0	0	0	0	0	1

最大值 10 分　　（10 分為最大的數值）

最小值 0 分　　（0 分為最小的數值）

平均數 3.1 分　　（總分除以人數為 3.1 分）

眾數 4 分　　　（拿到 4 分的人最多）

中位數 2.5 分　（分數按高低排序後，位於正中間的分數。
這邊為偶數人，所以取中間兩人的平均 2.5
分）

由梨：「哥哥，我了解這些代表值了，但有這麼多種類，到底
要用哪個作為代表才好？這麼多不是很混亂嗎？」

我：「哈哈，說得也是。我們還是需要『代表值的代表值』。」

由梨：「我了解我們經常使用的平均數，最大值和最小值也蠻
簡單的，眾數是最多的數值嘛，但中位數就有點搞不清楚
了。」

我：「咦？會嗎？中位數不是很好理解嗎？就分數按高低排序
即可⋯⋯」

由梨：「有平均數和眾數不就好了嗎？」

我：「沒有這回事喔。新聞上也常看到，在談論年收入、資產時，中位數扮演很重要的角色。」

由梨：「是喔——」

我：「中位數不受數據中的『離群值』影響，所以，即便出現家財萬貫的大富豪，中位數也不受影響。」

由梨：「啊，原來如此……但是，如果大部分的人都是大富豪，中位數不就會受到影響嗎？」

我：「如果大部分的人都是大富豪，大富豪就不是『離群值』了。」

由梨：「對喔。」

我：「當然，我們難以單一代表值掌握數據的全貌，總會有不足的地方。」

由梨：「不足的地方？」

我：「簡單來講，單一代表值無法概括整個數據。」

由梨：「不過，為什麼一定要以單一數值表示呢？只要畫出圖表，就能掌握數據的樣貌了啊？」

我：「圖表的確很重要，但代表值也有很多便利的地方，譬如許多數據是每年都在變化，此時代表值就很有幫助。」

由梨：「對喔，把繁雜的數字統整成單一數值，比較容易調查變化嘛。那畫出平均數的圖表呢？」

我：「那也是一種觀看數據的方法。」

由梨：「咦？我有另一個疑問：平均數出現在圖表的哪裡？」

2.5 直方圖

我：「妳說『平均數出現在哪裡？』是什麼意思？」

由梨：「我們不是會將下面的數據畫成圖表嗎？」

分數	0	1	2	3	4	5	6	7	8	9	10
人數	1	2	2	1	3	0	0	0	0	0	1

我：「是啊，會像這樣畫成直方圖。」

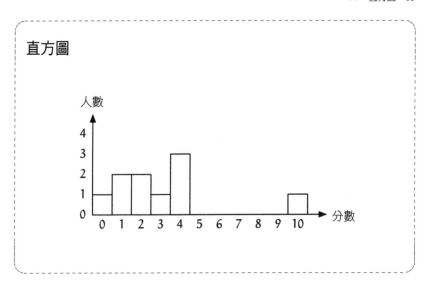

由梨：「就是這個。哥哥前面說的代表值全部都能從圖表看出來對吧？」

我：「從圖表看出來？」

由梨：「像是最小值和最大值的位置啊。」

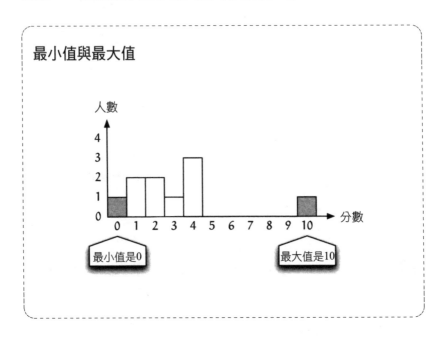

我：「啊啊，妳想說這個啊。」

由梨：「然後，眾數是人數最多的分數，對吧？」

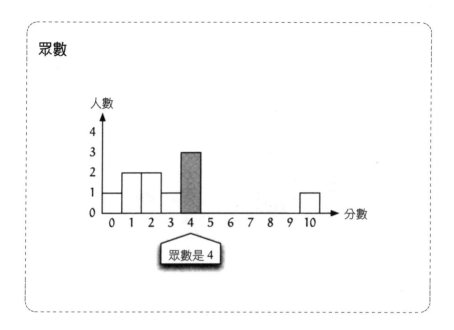

眾數

眾數是 4

我：「沒錯。然後，中位數是⋯⋯」

由梨：「中位數是在左右面積正好相等的地方！」

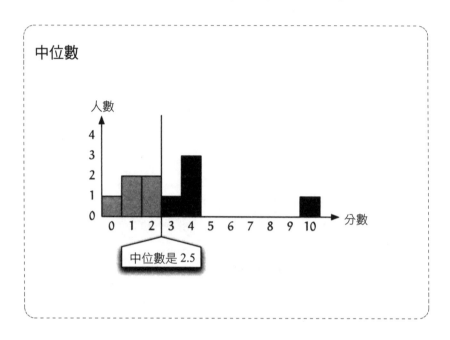

中位數

我：「沒錯！妳的觀念非常清楚。」

由梨：「中位數是 2.5。在 2.5 分的左邊正好有 5 人；在 2.5 分的右邊也正好有 5 人！」

我：「就是這樣！中位數會將直方圖分成左右兩半，兩邊的面積會相等。但若有同分的人，就不會分得那麼剛好了。」

由梨：「那不重要，問題是平均數出現在圖表的哪裡？原先以為最了解的平均數，卻不知道它在哪裡。」

我：「問得不錯。這個例子的平均是 3.1，線會畫在這裡。平均

數會在中位數的右邊，因為拿到 10 分的學生拉高了平均分
數。」

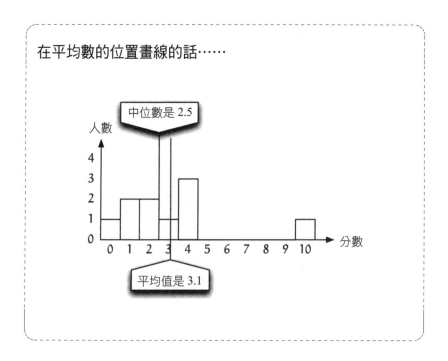

在平均數的位置畫線的話⋯⋯

由梨：「不是啦。我知道平均數在那裡。我要問的不是那個，
　　　該怎麼說⋯⋯」

我：「數據的中位數對應『直方圖上兩面積相等的位置』，妳
　　想問的是平均數對應直方圖上的哪個位置嗎？」

由梨：「對。有這樣的位置嗎？」

我：「這問題的確很難。」

由梨：「咦──哥哥也不知道嗎？」

我：「不，我知道喔。」

由梨：「那就別賣關子了！」

我：「我們先來解這個問題吧。」

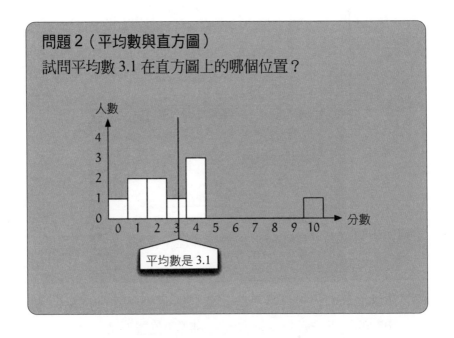

問題 2（平均數與直方圖）
試問平均數 3.1 在直方圖上的哪個位置？

由梨：「不用特地改成問題啦！」

我：「只要試著回想平均數的計算方式，就知道答案囉！」

由梨：「相乘後相除。」

我：「什麼乘上什麼，再除以什麼呢？」

由梨：「分數乘上人數，全部加起來後，再除以總人數。」

$$\frac{0\times《0\,分的人數》+1\times《1\,分的人數》+\cdots+10\times《10\,分的人數》}{總人數}$$

我：「正確。換句話說，這是各分數乘上『該分數的人數』的『重量』。」

由梨：「重量……我知道了！哥哥說的是兩邊取得平衡的地方嘛！」

我：「沒錯，非常正確。把直方圖的高度看作是『重量』，平均數剛好在橫軸的**重心位置**喔。」

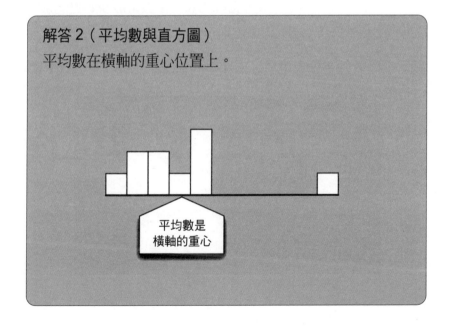

解答 2（平均數與直方圖）
平均數在橫軸的重心位置上。

平均數是
橫軸的重心

由梨：「原來如此，這樣我就懂了。拿到 10 分的人離重心比較
　　　遠，即使只有 1 個人，還是會影響平均數呢。」

我：「就是這麼回事。雖然拿到 10 分的人是離群值，但卻對平
　　均數帶來非常大的影響。所以，出現離群值的時候，除了
　　平均數之外，還得確認中位數，否則可能因此誤判數據的
　　全貌。」

由梨：「是喔……」

2.6　眾數

我：「代表值有各自的使用時機喔。」

由梨：「咦？可是眾數不就非常好用嗎？眾數是最多的數值嘛，
　　　這不就有它的調查價值嗎？」

我：「眾數是有調查價值，但在某些情況下不適合作為代表值
　　喔。」

由梨：「咦？有嗎？」

我：「我來出個小測驗，解看看就知道了。」

小測驗
請思考在哪些情況下，眾數不適合作為代表值？

由梨：「眾數不適合的情況，想不到喵……」

我：「真的嗎？」

由梨：「……我想到一個很蠢的答案，像是全班都考同分的情況！全班的分數都一樣，就決定不了眾數啊。」

我：「不對，全班同分，還是能決定眾數喔，那個分數就是眾數。妳想要說的應該是『各分數的人數都一樣』吧？」

由梨：「啊，就是這樣。」

我：「各分數的人數都一樣……也就是說，在均勻分布的情況下，無法決定眾數。」

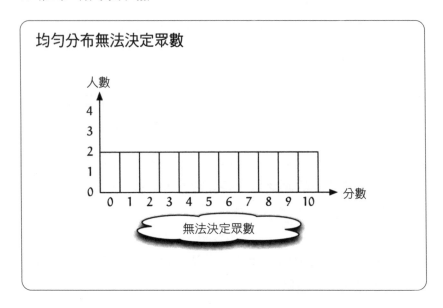

由梨：「答案只有這個？」

我：「還有其他答案喔，像這樣的直方圖也無法決定眾數。」

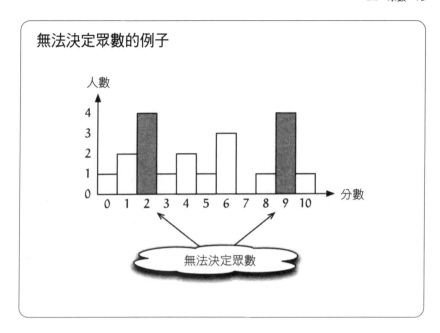

由梨：「真的耶。」

我：「如果兩山峰邊人數不完全相等，還是能夠決定眾數，但人數差距過小，反而會失去意義，因為只差一點點，眾數就完全不一樣了。眾數適合作為代表值的情況，只有在**某個數值占多數的時候**。」

由梨：「原來如此！……喔喔！我想到『代表值攻擊法』了！」

我：「那是什麼？」

2.7　代表值攻擊法

由梨：「哥哥前面不是提到『眾數不能作為代表值的情況』
　　　嗎？」

我：「是啊。」

由梨：「這正是『攻擊』代表值嘛。然後，我就想到找出『不
　　　適合作為代表值的情況』！鏘鏘！」

我：「別在那『鏘鏘！』了。平均數隨時都能計算啊。」

由梨：「平均數隨時都能計算，但哥哥前面不也說過，如果有
　　　較大的離群值，除了平均之外，還得看中位數嗎？」

我：「我是說過……」

由梨：「這就是我想到的代表值攻擊法！鏘鏘！」

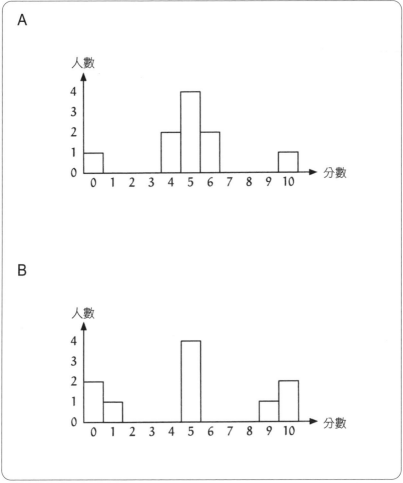

我：「喔——？」

由梨：「你瞧。『最大值、最小值、平均數、眾數、中位數』
都沒辦法區分 A 和 B！但 A 和 B 卻不是相同的情況。那
麼，面對這樣的攻擊，代表值該如何反擊呢？」

我：「妳是在和誰戰鬥？」

由梨：「和哥哥啊。」

我：「的確，A 和 B 的情況都是：

- 最大值 10 分
- 最小值 0 分
- 平均數 5 分
- 眾數 5 分
- 中位數 5 分

A 和 B 的 5 種代表值都相同——不過啊，由梨，代表值只是一個數值而已，不是每次都能區別分布情況喔……不對，這邊可以使用那個。」

由梨：「那個？」

我：「我這樣反擊好了。這邊不用代表值的說法，改稱為統計量吧。」

問題 3（討論統計量）

試想區分以下 A 和 B 的統計量。

A

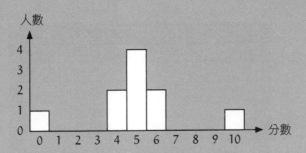

B

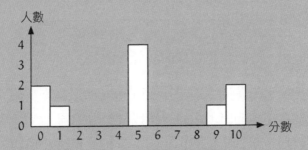

A

分數	0	1	2	3	4	5	6	7	8	9	10
人數	1	0	0	0	2	4	2	0	0	0	1

B

分數	0	1	2	3	4	5	6	7	8	9	10
人數	2	1	0	0	0	4	0	0	0	1	2

由梨:「又改成問題了!哥哥是要和誰戰鬥啊!」

我:「我沒有要和誰戰鬥啊。」

由梨:「好不容易才想到不能區分的數據,竟然要我想出區分 A 和 B 的統計量…」

我:「沒錯。妳能想出這樣的統計量嗎?」

由梨:「A 和 B 剛好都在正中間平衡,所以平均數相同;A 和 B 都在正中間出現山峰,所以眾數也相同;A 和 B 都是左右對稱,所以中位數也相同;A 和 B 的最小值與最大值都為 0 分和 10 分,這要怎麼區分啊……?」

我:「放心,妳想得到的。」

由梨:「硬要區分的話,B 的兩端比較『重』吧?」

我：「喔喔，想法不錯喔。」

由梨：「嗯⋯⋯能不能給點提示喵⋯⋯（偷瞄）。」

我：「那麼，妳試著從『距離平均數有多遠？』來想吧。」

由梨：「啊！⋯⋯這不就是答案嗎？只需要把和平均的相差分
　　　數加起來嘛！」

我：「把數據中的各項數值減去平均數，所得到的數值稱為**偏
　　　差**。」

由梨：「標準分數＊？」

我：「不對。標準分數和偏差不一樣。妳剛才說的『把跟平均
　　　的相差分數加起來』是指『相加偏差』嗎？」

由梨：「嗯⋯⋯大概吧。啊，還有乘上人數的重量。」

我：「妳試著計算看看。」

由梨：「A 和 B 的平均數都是 5 分，所以減去 5 就行了。」

＊日文為「偏差值」。

計算 A 的偏差

$$偏差＝分數－平均$$

分數	0	1	2	3	4	5	6	7	8	9	10
偏差	−5	−4	−3	−2	−1	0	1	2	3	4	5
人數	1	0	0	0	2	4	2	0	0	0	1
偏差×人數	−5	0	0	0	−2	0	2	0	0	0	5

相加求和：

$$-5 + (-2) + 2 + 5 = 0$$

由梨：「喔──A 剛好會是 0 耶！」

我：「⋯⋯」

由梨：「接著來算 B。」

計算 B 的偏差

偏差＝分數－平均

分數	0	1	2	3	4	5	6	7	8	9	10
偏差	−5	−4	−3	−2	−1	0	1	2	3	4	5
人數	2	1	0	0	0	4	0	0	0	1	2
偏差×人數	−10	−4	0	0	0	0	0	0	0	4	10

相加求和：

$$-10 + (-4) + 4 + 10 = 0$$

由梨：「唉呀…A 和 B 都是 0，沒辦法區分！」

我：「任何數據的偏差相加一定會是 0 喔。」

由梨：「咦？一定嗎？」

我：「一定喔。假設這邊有 a、b、c 三數值構成的數據，則平均 m 會是：

$$m = \frac{a+b+c}{3}$$

對吧？」

由梨：「是啊。」

我：「偏差分別是 $a-m$、$b-m$、$c-m$，這樣相加會是？」

由梨：「相加會是 $(a-m) + (b-m) + (c-m)$……

$$(a - m) + (b - m) + (c - m) \qquad \text{偏差的相加}$$
$$= a + b + c - 3m \qquad\qquad \text{拿掉括號}$$
$$= a + b + c - 3 \times \frac{a + b + c}{3} \qquad \text{因為 } m = \frac{a + b + c}{3}$$
$$= a + b + c - (a + b + c)$$
$$= 0$$

　　……算出來了，真的會是 0！」

我：「對吧。這邊只試了三項，改成 n 項也是相同的結果喔。
　　『偏差相加』必為 0，所以不能用來區分 A 和 B。」

由梨：「這樣啊……啊！因為同時出現正負號，所以才會不
　　行！那取絕對偏差就好了！」

我：「由梨真是聰明。那麼，妳試著算算看吧。」

由梨：「很簡單嘛！」

計算 A 的絕對偏差

分數	0	1	2	3	4	5	6	7	8	9	10
絕對偏差	5	4	3	2	1	0	1	2	3	4	5
人數	1	0	0	0	2	4	2	0	0	0	1
絕對偏差×人數	5	0	0	0	2	0	2	0	0	0	5

相加求和：

$$5 + 2 + 2 + 5 = 14$$

計算 B 的絕對偏差

分數	0	1	2	3	4	5	6	7	8	9	10
絕對偏差	5	4	3	2	1	0	1	2	3	4	5
人數	2	1	0	0	0	4	0	0	0	1	2
絕對偏差×人數	10	4	0	0	0	0	0	0	0	4	10

相加求和：

$$10 + 4 + 4 + 10 = 28$$

由梨：「算出來了！A 是 14、B 是 28，這樣就能區分了！」

由梨的解答 3（討論統計量）

作為區分 A 與 B 的統計量，由梨想到『絕對偏差』的和值。

A 計算後得 14、B 計算後得 28，確實能夠加以區分。

我：「好厲害。妳做到了。」

由梨：「厲害吧。」

我：「由梨想到用『絕對偏差的和值』來區分 A 和 B，不過除了『絕對偏差』之外，還可以用『平方偏差』來做。」

由梨：「平方？」

我：「因為負數的平方也會是正數。而且，要是先乘上對應的
　　人數，再除以總人數求平均數，就能比較 A 和 B 人數不同
　　的情況了。將偏差平方來求平均，也就是求『偏差平方的
　　平均數』。」

計算 A 的『偏差平方的平均數』

分數	0	1	2	3	4	5	6	7	8	9	10
（偏差）^{2}	25	16	9	4	1	0	1	4	9	16	25
人數	1	0	0	0	2	4	2	0	0	0	1
（偏差）^{2}×人數	25	0	0	0	2	0	2	0	0	0	25

相加求和：

$$偏差平方的平均數 = \frac{25 + 2 + 2 + 25}{10} = 5.4$$

計算 B 的『偏差平方的平均數』

分數	0	1	2	3	4	5	6	7	8	9	10
（偏差）^{2}	25	16	9	4	1	0	1	4	9	16	25
人數	2	1	0	0	0	4	0	0	0	1	2
（偏差）$^2 \times$人數	50	16	0	0	0	0	0	0	0	16	50

$$偏差平方的平均數 = \frac{50 + 16 + 16 + 50}{10} = 13.2$$

由梨：「……」

我：「這個『偏差平方的平均數』，稱為**變異數**。」

由梨：「變異數？」

我：「是的。變異數是用表示數據『分散程度』的統計量。A 的變異數是 5.4、B 的變異數是 13.2，B 的變異數比較大，所以 B 的數據比較『分散』。」

我的解答 3（討論統計量）

將『偏差平方的平均數』，作為區分 A 與 B 的統計量。
A 計算後得 5.4、B 計算後得 13.2，確實能夠區分兩者。
此統計量稱為**變異數**。

2.8　變異數

由梨：「……」

我：「不好懂嗎？」

由梨：「哥哥，『平均數』和『偏差平方的平均數』是不是不一樣啊？」

我：「是啊，當然不一樣。『平均數』是，相加每個人的分數再除以人數的數值；『偏差平方的平均數』是，相加每個人的偏差平方再除以人數的數值。妳想問什麼？」

由梨：「嗯……跟前面一樣，我在想：『**變異數**』出現在直方圖上的哪裡？」

我：「喔……」

由梨：「等一下！我正在想！」

我讓由梨自己思考一下。

由梨進入思考模式時，她栗色的頭髮似乎閃耀著金色的光輝。

我：「……」

由梨：「放棄就行了！」

我：「投降了？」

由梨：「才不是！我是說放棄原本的直方圖，換成『偏差平方的直方圖』就行了！」

我：「喔喔！」

由梨：「這樣一來，重心就會放在『變異數』！」

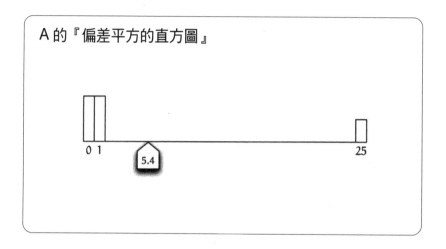

B 的『偏差平方的直方圖』

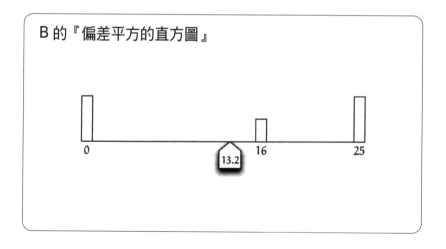

我：「『偏差平方』的重心啊。這很有意思！」

「如此繁多的數值能夠表示什麼？」

第 2 章的問題

●問題 2-1（代表值）

滿分 10 分的測驗，10 人應考，分數如下表所示：

測驗編號	1	2	3	4	5	6	7	8	9	10
分數	5	7	5	4	3	10	6	6	5	7

試求分數的最大值、最小值、平均數、眾數、中位數。

（解答在 p. 257）

●問題 2-2（代表值的結論）

試指正下述結論的偏誤。

①測驗的學年平均數 62 分，所以拿到 62 分的人最多。

②測驗的學年最高分 98 分，所以只有一人拿到 98 分。

③測驗的學年平均數 62 分，所以成績高於 62 分和低於 62 分的人數相同。

④應考者事先被告知：「這次期末考，所有學生的分數都必需高於學年平均。」

（答案在 p. 258）

●問題 2-3（數值的追加）

某次測驗，100 位學生的平均分數是 m_0，算完後才發現漏掉了第 101 位學生的分數 x_{101}。為了避免全部從頭來過，將已知的平均分數 m_0 和第 101 位學生的分數 x_{101}，代入下式求新的平均分數：

$$m_1 = \frac{m_0 + x_{101}}{2}$$

試問此計算正確嗎？

（解答在 p. 260）

第 3 章

標準化分數的驚奇感

「人們會對『不常見的事物』感到驚奇。」

3.1 學校的圖書室

放學後，我和學妹蒂蒂在學校的圖書室裡閒聊。

我：「變異數是偏差平方的平均數。所以，變異數出現在數值平方的數據重心——前幾天我和由梨討論了這件事。」

蒂蒂：「我之前就覺得由梨的想法特別。聽到變異數，竟然就能得到這樣的結論……」

蒂蒂邊說邊點頭。

我：「好像真的是這樣。由梨討厭麻煩的事，做事總是三分鐘熱度，所以才希望在思考後瞬間理解吧。」

蒂蒂：「學長，聽完你和由梨的討論，讓我開始擔心起來了。」

我：「擔心什麼？」

蒂蒂：「我擔心……自己真的了解變異數嗎？」

我：「這樣啊。變異數簡單說就是『分散程度』。變異數愈大，表示數據的數值——譬如測驗的分數——分布範圍愈廣。」

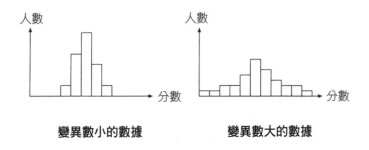

變異數小的數據　　　　　　　變異數大的數據

蒂蒂：「啊，不是的。我了解變異數表示『分散程度』，計算上應該也沒問題。我擔心的是即使知道這些，自己也沒有真正了解變異數。」

我：「這樣啊。變異數表示『分散程度』——我在聽到這樣的說明之後，馬上就理解了。」

蒂蒂：「啊，我似乎沒有辦法立刻就理解……明明知道定義和計算，卻還是不懂，這很奇怪吧？」

我：「不會，沒有這回事。自己不懂的地方，通常背後都有重要的訊息。特別是數學，需要花時間思考弄懂。蒂蒂擅長這樣的思考模式嘛。」

蒂蒂：「嗯？」

我：「這麼說吧，『我哪裡不了解？』、『我正在想什麼？糾結點在哪？』，妳常用這樣的表現。妳能客觀審視自己是否有理解。由梨就不擅長這樣的思考模式。和由梨討論事情時，她有時會不曉得自己想要說什麼。」

蒂蒂：「我才沒有客觀審視自己……但是，我真的想弄懂，搞清楚不懂的地方。」

我：「像是變異數？」

蒂蒂：「對，沒錯！」

蒂蒂邊說邊握緊雙拳，大力點頭。

3.2 平均數與變異數

我：「看到平均數和變異數的數學式子，我就了解它們在說什麼了，譬如平均數可以這樣想。」

平均數

假設有 n 個**數值**，這 n 個數值統稱為**數據**。數據中的 n 個數值分別為：

$$x_1, x_2, \ldots, x_n$$

此時，數據的**平均數**會是：

$$\frac{x_1 + x_2 + \cdots + x_n}{n}$$

蒂蒂：「嗯，這個沒有問題，還算容易理解。」

我：「然後，變異數可以這樣想。」

變異數

假設數據 $x_1, x_2, \cdots, x_n$ 的平均數為 μ。

數值 x_1 與平均數 μ 的差值，即為 x 的**偏差**：

$$x_1 - \mu$$

同理，分別求得 x_2 的偏差、x_3 的偏差、$\cdots\cdots$、x_n 的偏差。

平方 $x_1, x_2, \cdots, x_n$ 的偏差，其平均即為**變異數**。因此，**變異數**為：

$$\frac{(x_1 - \mu)^2 + (x_2 - \mu)^2 + \cdots + (x_n - \mu)^2}{n}$$

蒂蒂：「嗯，這是變異數的定義嘛……」

我：「對，沒錯。妳覺得哪裡有問題？」

蒂蒂：「嗯……變異數是一個數值。」

我：「沒錯，這是從數據算得的一個數值。拿到一份數據後，由這份數據的數值算得變異數。和平均數一樣，變異數也是一個數值，用來表示『分散程度』。」

蒂蒂：「我想自己是覺得『分散』的說法有問題。一聽到『分散』，就會認為應該要有許多數值。只有一個數值，根本不可能分散啊。」

我：「嗯，這想法並不奇怪。實際上，如果數據只有一個數值，變異數肯定為 0。」

蒂蒂：「但是，變異數是一個數值啊。明明是一個數值，卻用來表示『分散程度』，好像怪怪的……」

我：「咦？妳是那邊有問題嗎？那只是單純的誤解而已。數據包含了許多數值，譬如 $x_1, x_2, x_3, \cdots, x_n$。然後，各數值有些會和平均數一致，有些則不一致，會和平均數出現『差距』。」

蒂蒂：「嗯，這我知道。」

我：「**偏差**表示和平均數出現的『差距』。假設平均數為 μ，則數值 x_1 的偏差會是 $x_1 - \mu$。偏差可能為正數或負數，也可能為 0。但是，偏差平方的數值必定大於等於 0。」

蒂蒂：「嗯，這沒問題。嗯？該不會偏差有很多嗎？這樣，偏差的分散不就……咦？」

我：「冷靜一點。數據中有 n 個數值，偏差就有 n 個，偏差平方也會有 n 個。數值、偏差、偏差平方是一樣多的。」

	數值	偏差	偏差平方
1	x_1	$x_1 - \mu$	$(x_1 - \mu)^2$
2	x_2	$x_2 - \mu$	$(x_2 - \mu)^2$
3	x_3	$x_3 - \mu$	$(x_3 - \mu)^2$
$\vdots$	$\vdots$	$\vdots$	$\vdots$
n	x_n	$x_n - \mu$	$(x_n - \mu)^2$

數值、偏差、偏差平方是一樣多的

蒂蒂：「……」

我：「『偏差平方』表現各數值和平均數的『差距』大小。『偏差平方』有 n 個，n 愈大處理上愈困難。正因如此——這邊是重點——才會想求『偏差平方』的**平均數**。將為數眾多的『偏差平方』平分均勻後，該數值會有多大，這就是我們要看的參考。『偏差平方』平分均勻的結果，就是『變異數』。」

蒂蒂：「啊……」

我：「不是看數量眾多的『偏差平方』本身，而是看『偏差平方』的平均數。這就是『變異數』喔。就像妳前面說的，變異數只是一個數值，但只要知道變異數，就能了解目前關注的數據，其『偏差平方』的平均數有多大。所以，由單一數值的變異數，就能了解『分散程度』。」

蒂蒂：「這樣我就弄懂了！聽完學長的說明，我知道自己哪邊誤解了。我原先的想法是，一定要從分散的數值本身，才能了解『分散程度』，變異數就只是一個數值，不會有分散的情形，又怎麼能表現數據的分散……我沒有注意到的地方是，『偏差平方』愈多，處理起來愈困難。」

我：「是啊。」

蒂蒂：「變異數是『偏差平方』的平均數，對吧？」

我：「沒錯。數值愈多愈難處理，所以才需以平均數作為代表值。簡單來說，變異數就是『偏差平方的平均數』，寫成數學式子應該會比較好懂吧。」

平均數是，許多『數值』平分均勻的數值

$$x_1, x_2, \ldots, x_n \qquad \text{數值}$$

$$\frac{x_1 + x_2 + \cdots + x_n}{n} \qquad \text{平均數}$$

> 變異數是許多『偏差平方』平分均勻的數值
>
> $$(x_1 - \mu)^2, (x_2 - \mu)^2, \ldots, (x_n - \mu)^2 \qquad \text{偏差平方}$$
>
> $$\frac{(x_1 - \mu)^2 + (x_2 - \mu)^2 + \cdots + (x_n - \mu)^2}{n} \qquad \text{變異數}$$

蒂蒂:「我弄懂了!……弄懂後就覺得理所當然,真是丟臉。」

我:「沒有這回事,不斷思考到自己弄懂為止的過程很重要,一點都不需要覺得丟臉喔。嗯……這樣想,或許更容易理解吧。

$$d_1 = (x_1 - \mu)^2$$
$$d_2 = (x_2 - \mu)^2$$
$$\vdots$$
$$d_n = (x_n - \mu)^2$$

像這樣命名 x_k 的『偏差平方』為 d_k,就能知道平均數和變異數同樣是在『求平均』,計算方式相同。」

平均數與變異數的計算方式相同

$$d_k = (x_k - \mu)^2 \text{，此時 } (k = 1, 2, \ldots, n)。$$

$$\underbrace{\frac{x_1 + x_2 + \cdots + x_n}{n}}_{\text{平均數}} \qquad \underbrace{\frac{d_1 + d_2 + \cdots + d_n}{n}}_{\text{變異數}}$$

蒂蒂：「真的耶……」

3.3　數學式子

蒂蒂：「學長總是輕輕鬆鬆就寫出數學式子呢。」

我：「雖然說是數學式子，但也只是全部加起來再除以 n 而已，沒有那麼困難。」

蒂蒂：「是這樣沒錯，但我要說的不是困不困難，而是『寫成數學式子比較能夠理解』的思考模式，我實在做不來……」

我：「蒂蒂，我想這只是『熟悉』的問題喔。熟悉讀寫數學式子後，自然就能以數學式子整理自己的想法。重要的是，多用自己的腦袋多閱讀，多用自己的手多書寫。就像騎腳踏車一樣，熟悉之後，就能輕鬆騎遠——對了，妳試著展開這個數學式子，多熟悉一下式子吧。」

$$(a - b)^2$$

蒂蒂:「好……這我知道,是 $a^2 - 2ab + b^2$ 嘛。」

$$(a - b)^2 = a^2 - 2ab + b^2$$

我:「那麼,這個數學式子(♡)該怎麼展開?」

$$(\heartsuit) \qquad \frac{(a - \frac{a+b}{2})^2 + (b - \frac{a+b}{2})^2}{2}$$

蒂蒂:「雖然看起來有些複雜,但這種程度還沒問題。」

蒂蒂馬上拿出筆記本開始計算。她真是老實。

$$\frac{(a - \frac{a+b}{2})^2 + (b - \frac{a+b}{2})^2}{2} \qquad \text{通分}$$

$$= \frac{(\frac{2a}{2} - \frac{a+b}{2})^2 + (\frac{2b}{2} - \frac{a+b}{2})^2}{2} \qquad \text{指定的數學式子（♡）}$$

$$= \frac{(\frac{a-b}{2})^2 + (\frac{-a+b}{2})^2}{2} \qquad \text{計算分子}$$

$$= \frac{(\frac{a-b}{2})^2 + (\frac{a-b}{2})^2}{2} \qquad \text{因為}(-a+b)^2 = (a-b)^2$$

$$= \frac{2(\frac{a-b}{2})^2}{2} \qquad \text{計算分子}$$

$$= \left(\frac{a-b}{2}\right)^2 \qquad \text{以 2 約分}$$

$$= \frac{a^2 - 2ab + b^2}{4} \qquad \text{展開}$$

蒂蒂：「我展開數學式子 ♡ 了！

（♡ 的展開）　$\frac{(a - \frac{a+b}{2})^2 + (b - \frac{a+b}{2})^2}{2} = \frac{a^2 - 2ab + b^2}{4}$

像是這樣嘛。」

我：「嗯，正確！最後才展開平方，這做法不錯喔。那麼，這
　　個數學式子（♣）怎麼樣？」

（♣）　　$\frac{a^2 + b^2}{2} - \left(\frac{a+b}{2}\right)^2$

蒂蒂：「雖然和前面的有點像，但我不會被騙喔……」

$$\frac{a^2 + b^2}{2} - \left(\frac{a+b}{2}\right)^2 \qquad \text{指定的數學式子（♣）}$$

$$= \frac{a^2 + b^2}{2} - \frac{a^2 + 2ab + b^2}{4} \qquad \text{展開}$$

$$= \frac{2a^2 + 2b^2}{4} - \frac{a^2 + 2ab + b^2}{4} \qquad \text{通分}$$

$$= \frac{a^2 - 2ab + b^2}{4} \qquad \text{咦？！}$$

蒂蒂：「咦？！和♡的展開相同！」

（♡的展開）$\quad \dfrac{(a - \frac{a+b}{2})^2 + (b - \frac{a+b}{2})^2}{2} \quad = \quad \dfrac{a^2 - 2ab + b^2}{4}$

（♣的展開）$\quad \dfrac{a^2 + b^2}{2} - \left(\dfrac{a+b}{2}\right)^2 \quad = \quad \dfrac{a^2 - 2ab + b^2}{4}$

我：「是啊。換句話說，不論 a 和 b 的值為何，

$$\frac{(a - \frac{a+b}{2})^2 + (b - \frac{a+b}{2})^2}{2} \quad = \quad \frac{a^2 + b^2}{2} - \left(\frac{a+b}{2}\right)^2$$

$$\vdots \qquad\qquad\qquad \vdots$$

$$♡ \qquad\qquad\qquad ♣$$

這樣的等式必成立，稱為 **恆等式**。」

蒂蒂：「學長直接背這個公式嗎？」

我：「不是，沒有喔。仔細觀察這個數學式子──套用米爾迦常說的『看穿構造』──就能發現有趣的地方喔。」

問題 1（謎之恆等式）

在 a、b 構成的恆等式中，有什麼有趣的地方？

$$\frac{(a - \frac{a+b}{2})^2 + (b - \frac{a+b}{2})^2}{2} = \frac{a^2 + b^2}{2} - \left(\frac{a+b}{2}\right)^2$$

蒂蒂：「有趣的地方……哪有什麼有趣的？」

我：「那麼，給個提示：把 $\frac{a+b}{2}$ 看做『a 和 b 的平均數』。」

蒂蒂：「啊，$\frac{a+b}{2}$ 的確是平均數……」

$$\frac{(a - \boxed{\frac{a+b}{2}})^2 + (b - \boxed{\frac{a+b}{2}})^2}{2} = \frac{a^2 + b^2}{2} - \left(\boxed{\frac{a+b}{2}}\right)^2$$

我：「再試著把平均數換成 μ。」

$$\frac{(a - \boxed{\mu})^2 + (b - \boxed{\mu})^2}{2} = \frac{a^2 + b^2}{2} - \boxed{\mu}^2$$

蒂蒂：「啊，這、這是……！」

我：「注意到了嗎？」

蒂蒂：「左式是變異數！如果把 a 和 b 看作數據的數值，左式就是先減去平均後平方，再進一步求平均數嘛！」

$$\underbrace{\frac{(a - \mu)^2 + (b - \mu)^2}{2}}_{a \text{ 和 } b \text{ 的變異數}} = \frac{a^2 + b^2}{2} - \mu^2$$

我：「沒錯！。然後，右式出現的 $\frac{a^2+b^2}{2}$ 是 a^2 和 b^2 的平均數，μ^2 是 a 和 b 平均數的平方。」

$$\underbrace{\frac{(a-\mu)^2+(b-\mu)^2}{2}}_{a\text{ 和 }b\text{ 的變異數}} = \underbrace{\frac{a^2+b^2}{2}}_{a^2\text{ 和 }b^2\text{ 的平均數}} - \underbrace{\mu^2}_{a\text{ 和 }b\text{ 平均數的平方}}$$

蒂蒂：「嗯……這樣該怎麼想呢？」

我：「這樣能成立以下的數學式子。」

《a 和 b 的變異數》＝《a^2 和 b^2 的平均數》－《a 和 b 的平均數》^{2}

蒂蒂：「嗯……」

我：「這邊是討論 a、b 兩個數值，但這其實可以代入 n 個數值，將它一般化。」

《$x_1, \cdots, x_n$ 的變異數》＝《$x_1^2, \cdots, x_n^2$ 的平均數》－《$x_2, \cdots, x_n$ 的平均數》^{2}

蒂蒂：「能成立這樣的數學式子啊……」

我：「完整寫出來，會是：

$$\frac{(x_1-\mu)^2+\cdots+(x_n-\mu)^2}{n} = \frac{x_1^2+\cdots+x_n^2}{n} - \left(\frac{x_1+\cdots+x_n}{n}\right)^2$$

改成記誦口訣，就像：

《變異數》＝《平方的平均》－《平均的平方》

在求某群數據的變異數時，除了從變異數的定義來計算之外，也可以《平方的平均》減去《平均的平方》來計算。」

蒂蒂：「嗯……」

解答 1（謎之恆等式）

a、b 構成的恆等式：

$$\frac{(a - \frac{a+b}{2})^2 + (b - \frac{a+b}{2})^2}{2} = \frac{a^2 + b^2}{2} - \left(\frac{a+b}{2}\right)^2$$

是

《變異數》＝《平方的平均》－《平均的平方》

上面這個數學式子的其中一個例子＊。

3. 4 變異數的意義

米爾迦走進圖書室。

蒂蒂：「啊，米爾迦學姊！」

米爾迦：「變異數？」

＊ 在電腦演算上，使用《變異數》＝《平方的平均》－《平均的平方》時，可能因為消去誤差（cancellation error）而出現巨大的誤差。

米爾迦低下頭出神地看著筆記本問道。她低頭時，一頭柔順烏黑的長髮順勢滑下。她是我的同班同學，比我更了解數學。我、蒂蒂和米爾迦三人總是樂於進行數學對話。

蒂蒂：「我在問變異數的意義，學長說變異數表示『分散程度』。」

米爾迦：「『分散程度』？」

我：「有什麼地方不對嗎？」

米爾迦：「就當變異數表示『分散程度』好了，但是，如果問『分散程度』有什麼**意義**，你要怎麼回答？」

我：「『分散程度』──的意義？」

蒂蒂：「了解『分散程度』，就知道數值呈現分散。…咦？」

米爾迦：「蒂蒂，那只是一種說法。換個問法好了。**了解變異數有什麼意義？知道變異數有什麼好處？討論分散程度的大小有什麼價值？**」

我：「等一下。因為數據含有許多數值，處理起來不容易，所以才想適當使用代表值。變異數的意義不也是這樣嗎？」

米爾迦：「是喔──」

蒂蒂:「啊,我也這麼認為。譬如平均數……單看一個平均數,就能知道『數值集中在這附近』。」

米爾迦:「不對喔。」

蒂蒂:「咦?」

米爾迦:「單看平均數並不能知道數值的位置喔。」

蒂蒂:「咦?」

我　:「蒂蒂,雖然妳說『數值集中在這附近』,但數值未必集中在平均數附近喔。舉例來說,假設全班只拿到 0 分或 100 分,而且兩分數的人數還相等,雖然平均數是 50 分,卻沒有人拿到 50 分。」

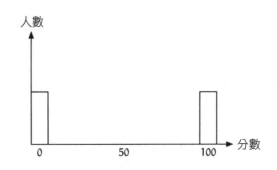

沒有人拿到平均分數

蒂蒂:「啊……對喔。」

米爾迦:「如果假設分布,情況就不同了。」

我：「所以，平均數是『平分均勻的數值』，知道平均數有它的意義。」

米爾迦：「是喔。那麼，知道變異數有什麼意義？」

我：「變異數愈大，表示『數值愈分散』——嗯⋯⋯這在說同一件事⋯⋯」

蒂蒂：「變異數愈大，『數值愈散亂』呢？」

我：「那也只是換個說法而已。」

蒂蒂：「米爾迦學姊怎麼想呢？」

米爾迦：「變異數表示『意外程度』」

我：「意外程度？」

米爾迦：「或說是『罕見程度』、『厲害程度』。」

蒂蒂：「這是什麼意思？」

米爾迦：「假設在數據的眾多數值中，只關注其中一個數值。譬如，考完試後，大家都只關心『自己的分數』。」

蒂蒂：「真的。我只會注意自己的分數。」

米爾迦：「數據包含了眾多分數，『自己的分數』也在裡頭。如果自己的分數高出平均非常多，這樣可以說是『厲害』嗎？」

蒂蒂：「自己的分數高出平均非常多，當然『厲害』吧？」

米爾迦：「有多麼厲害呢？知道變異數，就能具體了解分數的
　　　　『厲害程度』。」

蒂蒂：「咦？為什麼？從和平均數的差就能知道『厲害程度』
　　　了吧？就算不知道變異數……」

我：「我懂了。變異數的確比較有效。」

蒂蒂：「我不懂……」

我：「嗯……妳試想一下，假設平均分數 50 分，自己的分數是
　　100 分，遠遠大於平均分數的 50 分。這樣的場合，偏差會
　　是 50 分。」

蒂蒂：「是啊，很厲害。」

我：「但是，這次測驗可能有半數的受試者拿到 100 分，剩餘
　　的半數受試者拿到 0 分。『半數人拿到 100 分、半數人拿
　　到 0 分』的測驗，平均分數會是 50 分。在這樣的情況下，
　　拿到 100 分的人真的有那麼厲害嗎？」

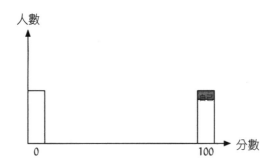

平均分數是 50 分
（半數人拿到 100 分、半數人拿到 0 分）

蒂蒂：「受試者有一半拿到 100 分！有那麼多人拿到 100 分，
那就……不怎麼厲害了。」

我：「是吧。『半數 100 分、半數 0 分』的變異數很大，這樣
就算拿到 100 分，也不怎麼覺得『厲害』。」

蒂蒂：「真的……」

我：「然而，若是『拿到 100 分的只有自己 1 人、0 分的有 1
人，剩餘的人拿到 50 分』的測驗，情況會如何呢？平均分
數、自己的分數和剛才的例子一模一樣。」

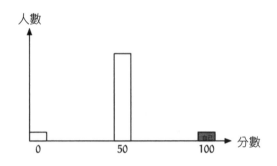

平均分數是 50 分

（100 分的自己 1 人、0 分的 1 人，剩餘的人 50 分）

蒂蒂：「這次就『非常厲害』了！」

我：「對吧。這次大部分的人拿到 50 分，變異數非常小。這樣的場合，拿到 100 分就會覺得『非常厲害』。」

米爾迦：「如同他所說的。由變異數可以知道某個特定數值是『常見數值』還是『罕見數值』。」

蒂蒂：「原來如此，所以才說能夠知道『厲害程度』、『意外程度』、『罕見程度』……」

米爾迦：「沒錯。」

我：「變異數愈大，數值和平均數差很多，也沒有什麼好驚訝，因為那是很常見的數值。的確，光從平均數沒有辦法了解『意外程度』。原來如此。」

蒂蒂：「即便自己拿到高出平均數很多的分數，如果沒有變異數，就不知道該分數的真正價值嘛……」

米爾迦：「從這可以衍伸出**標準化分數**。」

蒂蒂：「標準化分數？」

3.5 標準化分數

米爾迦：「嗯？蒂蒂不知道標準化分數嗎？」

蒂蒂：「不是！沒有這回事。身為高中生，我當然知道標準化分數……」

米爾迦：「那麼，妳說說看標準化分數的**定義**。」

米爾迦指向蒂蒂這麼說道。

蒂蒂：「咦？啊…嗯…標準化分數的定義……對不起，我知道標準化分數這個詞，但不了解標準化的定義。」

米爾迦：「知道這個詞，卻不了解定義嗎？」

蒂蒂：「呃……這樣很奇怪吧？明明是考試測驗時總是在意的數值，卻不了解它的定義……」

米爾迦：「那換你來解釋標準分數的定義吧。」

　　米爾迦將手指向我。

我：「定義應該是這樣。」

標準化分數
某測驗有 n 人應試，得分各為 $x_1, x_2, \cdots, x_n$。
假設分數的平均數為 μ、標準差為 σ。
此時，測驗分數 x_k 的**標準化分數**定義為：

$$50 + 10 \times \frac{x_k - \mu}{\sigma}$$

另外，$\sigma = 0$ 時，標準化分數定義為 50。

蒂蒂：「嗯⋯⋯標準差？」

我：「標準差是變異數開根號，蒂蒂。換句話說，假設變異數為 V，則邊準差 $\sigma = \sqrt{V}$。」

蒂蒂：「標準差⋯⋯和偏差、標準化分數不一樣嘛。」

米爾迦：「我們再來確認平均數、變異數、標準差的定義吧。」

我：「也好。」

> **標準差**
>
> 標準差是變異數的正平方根，假設變異數為 V、標準差為 σ，
> 則：
>
> $$\sigma = \sqrt{V}$$

蒂蒂：「偏差、標準差……再來是標準化分數。」

我：「對，標準化分數的定義像這樣。」

> **標準化分數**
>
> 某測驗有 n 人應試，得分各為 $x_1, x_2, \cdots, x_n$。
> 假設分數的平均數為 μ、分數的標準差為 σ。
> 此時，測驗分數 x_k 的**標準化分數**定義為：
>
> $$50 + 10 \times \frac{x_k - \mu}{\sigma}$$
>
> 另外，$\sigma = 0$ 時，標準化分數定義為 50。

蒂蒂：「嗯，我了解標準化分數的定義了。不對，與其說是了解，應該說我知道由分數計算平均數、由分數和平均分數計算變異數、由變異數計算標準差，再由這些計算標準化分數……這樣的流程了。」

由分數計算平均數：

$$x_1, x_2, x_3, \ldots, x_n \qquad \longrightarrow \qquad \mu$$

由分數與平均數計算變異數：

$$x_1, x_2, x_3, \ldots, x_n, \mu \qquad \longrightarrow \qquad V$$

由變異數計算標準差：

$$V \qquad \longrightarrow \qquad \sigma$$

由分數 x_k、平均數與標準差計算x_k的標準化分數：

$$x_k, \mu, \sigma \qquad \longrightarrow \qquad x_k \text{ 的標準化分數}$$

我：「嗯。」

蒂蒂：「但是，我還是不了解標準化分數……」

我：「假設蒂蒂拿到平均分數，它的標準化分數一定是 50 喔。
　　因為，$x_k = \mu$ 時的標準化分數是—— 」

$$50 + 10 \times \frac{x_k - \mu}{\sigma} = 50 + 10 \times \frac{0}{\sigma}$$
$$= 50$$

蒂蒂：「喔⋯⋯」

我：「換句話說，即使是平均分數不同的測驗結果，也可以用標準化分數來比較。妳瞧，測驗有時簡單有時困難，難易度不一定。這樣一來，平均分數就會變動。」

蒂蒂：「是這樣沒錯。困難測驗的平均分數會比較低。」

我：「假設某次『測驗 A 拿到 70 分』，後來『測驗 B 拿到 70 分』。單就分數來講，同樣是 70 分，實力看起來沒有改變。」

蒂蒂：「哈哈，如果測驗 B 比測驗 A 還難，即便同樣是 70 分，也能看作進步了⋯⋯是這樣嗎？因為標準化分數是『平均數同為 50 分』，所以相較於單純比較分數，標準分數更能清楚表現實力的提升⋯⋯？」

我：「沒錯。」

米爾迦：「實際上沒有這麼單純，還需要加上附帶條件才行。」

我：「咦？」

米爾迦：「標準化分數並不是萬能的。譬如，一般會認為：『不管任何測驗，都可以用標準化分數來比較實力』。」

蒂蒂：「不是這樣嗎？」

米爾迦：「如果某次測驗 A 的標準化分數是 60 分，下次測驗 B 的標準化分數也是 60 分，這樣能說實力沒有改變嗎？」

蒂蒂：「雖然平均數會因測驗 A 和 B 的難易度而改變，但標準化分數是將平均數調整成 50……應該可說實力沒有改變吧？」

米爾迦：「如果在測驗 A 和測驗 B，除了自己以外，其他應試者全部換人的話呢？」

蒂蒂：「呃……其他應試者換人，平均數也會跟著改變。即使標準化分數相同，如果參加測驗 B 的應試者實力普遍比參加測驗 A 的應試者低，自己算是退步嗎？」

我：「嗯，的確會是那樣。標準化分數是標準化和平均數的差距。」

米爾迦：「單就標準化分數推測自己的排名，可能因此誤判。如果分數的分布近似常態分布，標準化分數 60 以上表示排名約在上位的 16%。但是，分數的分布未必近似常態分布。勉強解釋標準化分數上些微的差距，會產生誤判的風險。」

蒂蒂：「常態分布……」

蒂蒂馬上將這些寫進《秘密筆記》。

3.6 標準化分數的平均

蒂蒂:「可是,拿到平均分數的人,標準化分數一定會是 50
分,對吧?」

米爾迦:「沒錯。標準化分數的平均數也會是 50。」

蒂蒂:「標準化分數的平均數……?」

我:「相加所有應試者的標準化分數,再除以應試人數,得到
的結果會是 50。」

蒂蒂:「咦?嗯……」

我:「計算沒有那麼困難喔。」

問題 2(標準化分數的平均數)

某測驗有 n 人應試,得分各為 $x_1, x_2, \cdots, x_n$。

假設該測驗應試者的標準化分數各為 $y_1, y_2, \cdots, y_n$,試求:

$$\frac{y_1 + y_2 + \cdots + y_n}{n}$$

蒂蒂:「假設 k 學生的標準化分數為 y_k。嗯…根據標準化分數
的定義,硬著頭皮計算,最後就能求標準化分數的平均
數!」

我：「沒有誇張到需要硬著頭皮吧。」

蒂蒂：「總之就算算看。」

$$\frac{y_1 + y_2 + \cdots + y_n}{n} = \frac{\left(50 + 10 \times \dfrac{x_1 - \mu}{\sigma}\right) + \text{哇哇哇} \cdots\cdots}{n}$$

蒂蒂：「『哇哇哇……』全部列出來的話太多了，先把 k 同學的標準化分數 y_k 寫成 x_k 的形式。」

$$y_k = 50 + 10 \times \frac{x_k - \mu}{\sigma} \qquad x_k \text{ 的標準化分數}$$

蒂蒂：「然後，平均數是 $\dfrac{x_1 + \cdots + x_n}{n}$，所以……」

$$y_k = 50 + 10 \times \frac{x_k - \frac{x_1 + x_2 + \cdots + x_n}{n}}{\sigma}$$

我：「嗯……這邊不要改寫 μ，比較好計算 y_k 的和。」

$$
\begin{aligned}
& y_1 + y_2 + \cdots + y_n \\
&= \left(50 + 10 \times \frac{x_1 - \mu}{\sigma}\right) + \left(50 + 10 \times \frac{x_2 - \mu}{\sigma}\right) + \cdots + \left(50 + 10 \times \frac{x_n - \mu}{\sigma}\right) \\
&= 50n + \frac{10}{\sigma} \times \left((x_1 - \mu) + (x_2 - \mu) + \cdots + (x_n - \mu)\right) \\
&= 50n + \frac{10}{\sigma} \times \left(x_1 + x_2 + \cdots + x_n - n\mu\right)
\end{aligned}
$$

我：「數學式子中的 $n\mu$ 是『n 倍的平均』，等於 $x_1 + x_2 + \cdots\cdots$

$+x_n$。所以……」

$$y_1 + y_2 + \cdots + y_n$$

$$= 50n + \frac{10}{\sigma} \times (x_1 + x_2 + \cdots + x_n - n\mu)$$

$$= 50n + \frac{10}{\sigma} \times (x_1 + x_2 + \cdots + x_n - (x_1 + x_2 + \cdots + x_n))$$

$$= 50n + \frac{10}{\sigma} \times 0$$

$$= 50n$$

蒂蒂:「好厲害!一下子就簡化成 $50n$ 了。」

我:「由 $y_1, \cdots, y_n$ 的總和 $50n$,可知標準分數的平均數是 50。」

米爾迦:「因為偏差的總和是 0。」

我:「沒錯,如同米爾迦所說。仔細看『標準化分數』的定義,會發現定義中有出現『偏差』。」

$$x_k \text{ 的標準化分數} = 50 + 10 \times \overbrace{\frac{x_k - \mu}{\sigma}}^{x_k \text{的偏差}}$$

蒂蒂:「啊……的確有出現偏差。x_k 減去平均數可得出 $x_k - \mu$。」

我:「然後,前面也有說過,偏差的總和必為 0。」

$$(x_1 - \mu) + (x_2 - \mu) + \cdots + (x_n - \mu)$$ 有 n 個 μ

$$= (x_1 + x_2 + \cdots + x_n) - n\mu$$ 有 n 個 μ 合起來

$$= (x_1 + x_2 + \cdots + x_n) - (x_1 + x_2 + \cdots + x_n)$$ 相當於 n 倍的平均 μ

$$= 0$$

蒂蒂:「啊!的確有說過。這樣的話,標準化分數的平均數當然會是 50 嘛!」

米爾迦:「標準化分數定義中『50 ＋……』的部分,也就是『標準化分數的平均數 50』的意思!」

蒂蒂:「原來如此。」

解答 2(標準化分數的平均)

某測驗有 n 人應試,應試者的標準化分數各為 $y_1, y_2, \cdots, y_n$,則:

$$\frac{y_1 + y_2 + \cdots + y_n}{n} = 50$$

成立。

3.7 標準化分數的變異數

米爾迦:「由定義來看,馬上就知道『標準化分數的平均數』是 50。那麼,『標準化分數的變異數』呢?」

我：「這麼一說，變異數會是多少呢？」

米爾迦：「答案會讓人大開眼界。」

蒂蒂：「標準化分數的平均數是 50，變異數……會是多少呢？」

米爾迦：「算一下馬上就知道了喔。」

蒂蒂：「算一下……」

問題 3（標準化分數的變異數）

某測驗有 n 人應試，得分各為 $x_1, x_2, \cdots, x_n$。

假設該測驗應試者的標準化分數各為 $y_1, y_2, \cdots, y_n$，試求 $y_1, y_2, \cdots, y_n$ 的變異數。

我：「這只要從定義式推算馬上就出來了。」

蒂蒂：「啊，我也要算算看！先從定義來看，嗯……每個人的標準化分數為 $y_1, y_2, \cdots, y_n$、平均數為 μ，所以變異數是……」

$$\langle\text{標準化分數的變異數}\rangle = \frac{(y_1 - \mu)^2 + (y_2 - \mu)^2 + \cdots + (y_n - \mu)^2}{n} \quad \textbf{(?)}$$

米爾迦：「定義不對喔。」

蒂蒂：「咦？變異數不是『數值減去平均數再平方』的平均數嗎？」

米爾迦：「妳省略太多地方了。」

蒂蒂：「？」

米爾迦：「檢查一下是『什麼的平均』。」

蒂蒂：「『什麼的平均』嗎？平均數是 μ ……啊，錯了！μ 是
分數的平均數。現在是討論標準化分數的變異數，所以 y_k
要減去標準化分數的平均數。對不起。『標準化分數的平
均數』是 50，所以『標準化分數的變異數』會是……這樣
嗎？」

$$《標準化分數的變異數》= \frac{(y_1-50)^2 + (y_2-50)^2 + \cdots + (y_n-50)^2}{n}$$

蒂蒂：「咦？$y_1 - 50$ 等於 $10 \times \dfrac{x_1-\mu}{\sigma}$ 嘛。因為

$$y_1 = 50 + 10 \times \frac{x_1-\mu}{\sigma}$$

的關係。」

我：「是啊。啊，我懂了。」

蒂蒂：「不行、不行！讓我來算啦！」

《標準化分數的變異數》

$$= \frac{(y_1-50)^2 + (y_2-50)^2 + \cdots + (y_n-50)^2}{n}$$

$$= \frac{\left(10 \times \frac{x_1-\mu}{\sigma}\right)^2 + \left(10 \times \frac{x_2-\mu}{\sigma}\right)^2 + \cdots + \left(10 \times \frac{x_n-\mu}{\sigma}\right)^2}{n}$$

$$= \frac{10^2}{n\sigma^2} \times \left((x_1-\mu)^2 + (x_2-\mu)^2 + \cdots + (x_n-\mu)^2\right)$$

$$= 再展開平方……$$

我：「蒂蒂，妳那樣繼續算下去，只會愈算愈複雜喔。」

蒂蒂：「愈算愈複雜？」

我：「妳會把 $\dfrac{10^2}{n\sigma^2}$ 提到括號外面，但 n 留在括號裡面會比較好整理喔。」

蒂蒂：「像是這樣嗎？」

$$
\begin{aligned}
《標準化分數的變異數》 &= \frac{10^2}{n\sigma^2} \times \left((x_1 - \mu)^2 + (x_2 - \mu)^2 + \cdots + (x_n - \mu)^2\right) \\
&= \frac{10^2}{\sigma^2} \times \frac{(x_1 - \mu)^2 + (x_2 - \mu)^2 + \cdots + (x_n - \mu)^2}{n}
\end{aligned}
$$

米爾迦：「答案已經出來了。」

蒂蒂：「？」

我：「注意看一下乘號右邊的分式。」

蒂蒂：「$\dfrac{(x_1 - \mu)^2 + (x_2 - \mu)^2 + \cdots + (x_n - \mu)^2}{n}$ ……啊，這是變異數嘛！」

我：「沒錯，這是分數的變異數。」

蒂蒂：「換句話說，假設分數的變異數為 V……」

$$
\begin{aligned}
《標準化分數的變異數》 &= \frac{10^2}{\sigma^2} \times \frac{(x_1 - \mu)^2 + (x_2 - \mu)^2 + \cdots + (x_n - \mu)^2}{n} \\
&= \frac{10^2}{\sigma^2} \times V
\end{aligned}
$$

蒂蒂：「數學式子會像是這樣！」

我：「還差一點。蒂蒂，σ^2 是什麼？」

蒂蒂：「σ 是標準差，所以 $\sigma = \sqrt{V}$……啊！$\sigma^2 = V$…所以 σ^2 是分數的變異數！」

$$《標準化分數的變異數》= \frac{10^2}{\boxed{\sigma^2}} \times V$$

$$= \frac{10^2}{V} \times V \qquad 因為 \sigma^2 = V$$

$$= 10^2 \qquad 約分$$

$$= 100$$

我：「也就是說——『標準化分數的變異數』會是 100。然後，『標準化分數的標準差』是 $\sqrt{100}$，也就是 10。」

解答 3（標準化分數的變異數）

某測驗有 n 人應試，得分各為 $x_1, x_2, \cdots, x_n$。

假設該測驗應試者的標準化分數各為 $y_1, y_2, \cdots, y_n$，則 $y_1, y_2, \cdots, y_n$ 的變異數為：

$$100$$

米爾迦：「標準化分數定義中出現的兩個常數 50 和 10，分別為『標準化分數的平均數』和『標準化分數的標準差』。」

標準化分數定義中出現的兩個常數

$$50 \quad + \quad 10 \quad \times \frac{x_k - \mu}{\sigma}$$

《標準化分數的平均數》《標準化分數的標準差》

我：「原來如此——不論 $x_1, x_2, \cdots, x_n$ 的值為何，

- 『標準化分數的平均數』是 50
- 『標準化分數的標準差』是 10

標準化分數皆會滿足上述定義。」

米爾迦：「對。不過，50、10 本身並沒有特別的意義。」

3.8 標準化分數的意義

我：「這個式子讓我重新了解標準化分數的意義。」

$$y_k = 50 + 10 \times \frac{x_k - \mu}{\sigma}$$

米爾迦：「喔？」

我：「嗯，因為『50 +……』的部分，如同前面的討論，標準化分數是將平均數調整成 50。雖然每次測驗的平均數不同，但轉換成標準化分數後，任何測驗的平均數都是 50。」

蒂蒂：「對啊。在標準化分數的世界裡，平均數一直都是 50 嘛。」

我：「然後，標準化分數定義的後半段『……$+\ 10\times\dfrac{x_k-\mu}{\sigma}$』，$\dfrac{x_k-\mu}{\sigma}$ 表示『相較於標準差的偏差大小』。」

蒂蒂：「嗯……」

我：「首先，$x_k-\mu$ 是的 x_k 的偏差……」

蒂蒂：「這是指 k 學生的分數比平均分數大多少嘛。」

我：「然後，σ 是 $x_1, x_2, \cdots, x_n$ 的標準差。」

蒂蒂：「對……」

我：「變異數 V 是 $(x_1-\mu)^2, (x_2-\mu)^2, \cdots, (x_n-\mu)^2$ 的平均，所以變異數可說成『偏差平方』的平均數。標準差 σ 是取正平方根，就某種意義上是『平均性的偏差』。」

蒂蒂：「是這樣沒錯……」

我：「這樣來說，$\dfrac{x_k-\mu}{\sigma}$ 表示什麼呢？」

蒂蒂：「和標準差相比，k 學生的偏差大小……」

我：「沒錯！這就是以標準差作為基準的比較。如果 x_k 的偏差剛好等於標準差，則 $\dfrac{x_k-\mu}{\sigma}=1$；如果 x_k 的偏差是標準差的 2 倍，則 $\dfrac{x_k-\mu}{\sigma}=2$。簡單來講，$\dfrac{x_k-\mu}{\sigma}$ 表示『x_k 的偏差是標準差的幾倍』。」

米爾迦:「聽起來好複雜。」

蒂蒂:「不會啦,聽完學長的說明,我現在弄懂了!標準化分數是把 $\frac{x_k - \mu}{\sigma}$ 放大 10 倍。因此,假設某人的標準化分數是 60……意思是『他的標準化分數比 50 多 10』,也就是『他的分數比平均分數高出 1 個標準差』!」

米爾迦:「是嗎?」

我:「對、對!就是這麼回事。仔細看標準化分數的定義,就能理解了。」

標準化分數 y_k	分數 x_k
$30 = 50 - 20$	平均分數 $- 2 \times$ 標準差
$40 = 50 - 10$	平均分數 $- 1 \times$ 標準差
50	平均分數
$60 = 50 + 10$	平均分數 $+ 1 \times$ 標準差
$70 = 50 + 20$	平均分數 $+ 2 \times$ 標準差

米爾迦:「這樣才對。」

我:「標準化分數中穿插了平均分數和標準差!即便不知道平均分數、變異數、標準差,單就標準化分數,能夠知道該分數比平均分數多幾倍的標準差!」

蒂蒂:「那、那個……對不起。我從標準化分數的定義了解到『標準化分數的平均數』是 50,『標準化分數的標準差』是 10。我也懂『某人的標準化分數比 50 高出 10 分』,表示『他的分數高於平均分數 1 個標準差』。但是,我還是會覺得『So what?』(那又怎樣?)……」

米爾迦：「回到前面的問題。某測驗結束後，自己拿到高分就
　　　　能說是『厲害』嗎？答案是否定的，因為其他人也可能拿
　　　　到高分。光從自己的分數無法說自己『厲害』。」

蒂蒂：「嗯，是啊。」

米爾迦：「為了和其他人比較成績，我們會把自己的分數和平
　　　　均數做比較。如果自己的分數高於平均數，就能說是『厲
　　　　害』嗎？答案是否定的，因為『分散程度』、變異數可能
　　　　很大，變異數愈大──也就是標準差愈大──表示高於平
　　　　均數的分數可能很多。光比較自己的分數和平均，不能說
　　　　自己『厲害』。」

蒂蒂：「對嘛、對嘛！」

米爾迦：「所以我們才要看 $\frac{x-\mu}{\sigma}$ ，了解自己偏離平均數 μ 多少

　　　　個標準差 σ。只要知道平均數和標準差，就能了解某特定數
　　　　值的『意外程度』。分布呈現常態分布時，這道理非常正
　　　　確，但即便不假設分布的情況，我們也可從中看出端
　　　　倪。」

蒂蒂：「……」

米爾迦：「只由特定數值感到『厲害』，其實言之過早；算出
　　　　平均數後感到『厲害』，還是言之過早。**應該在確認平均
　　　　數和標準差之後，才真正證明『厲害』。**」

我：「因為一開始就知道平均數是 50、標準差是 10，標準化分數非常好用喔。」

蒂蒂：「不過，偏離愈多標準差的分數有多麼『厲害』呢？」

米爾迦：「數據的分布近似常態分布的場合，在這大前提下，

- 標準化分數 60 以上，約在上位 16%
- 標準化分數 70 以上，約在上位 2%

『意外程度』大概會是這樣。」

蒂蒂：「這要背起來嗎？」

米爾迦：「要背的只有這三個數：

$$34, \quad 14, \quad 2$$

只要記住『34、14、2』就行了。」

蒂蒂：「34、14、2？」

米爾迦：「嗯。常態分布出現在各種狀況，是非常重要的分布，像是身高、測量誤差等，很多分布都近似常態分布。物理學、化學、醫學、心理學、經濟學……等，在各大領域裡都有近似常態分布的統計量。」

蒂蒂：「真的嗎？」

米爾迦：「近似常態分布的分布圖，會像下圖呈現鐘形曲線。」

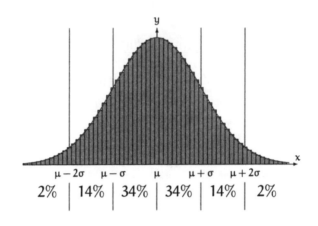

近似常態分布的分布

米爾迦：「把這個常態分布圖以標準差 σ 區分，會大致呈現
　　　34%、14%、2%的比例。標準化分數 60 以上約在上位
　　　16%，就是從 14 + 2 = 16 推算而來。這邊再重申一遍，
　　　只有數據近似常態分布時，才會呈現這樣的比例分布。雖
　　　說常態分布出現在各種狀況，但並非所有分布都近似常態
　　　分布。在不知道分布的情況下，會先假設近似常態分布，
　　　再充分檢討其正確性。測驗的成績也是如此，分數的分布
　　　未必近似常態分布。」

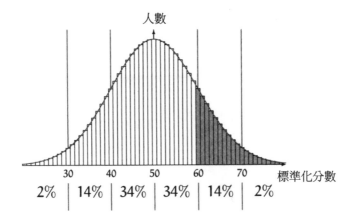

標準化分數 60 以上約在上位 16%
（數據近似常態分布）

蒂蒂：「常態分布，『34、14、2』……」

瑞谷老師：「放學時間到了。」

「所謂『稀奇』，指的是會讓人感到驚訝的事物。」

第 3 章的問題

●問題 3-1（變異數）

假設某數據有 n 個數值（$x_1, x_2, \cdots, x_n$），試述該數據在何種情況下，變異數為 0？

（解答 p. 261）

●問題 3-2（標準化分數）

關於標準化分數，試回答下述①～④。

①當分數高於平均分數時，可說自己的標準化分數大於 50 嗎？

②標準化分數可能超過 100 嗎？

③由整體的平均分數與自己的分數，可計算自己的標準化分數嗎？

④兩位學生的分數差 3 分，則標準化分數也會差 3 分嗎？

（解答在 p. 262）

●問題 3-3（意外程度）

前面內容提到，即便平均數相同，變異數的不同會影響 100
分的『厲害程度』（p. 114）。在下面的測驗結果 A 與 B
中，10 人應考成績的平均數皆為 50 分。試求 100 分在測驗
結果 A 與 B 的標準化分數。

應考編號	1	2	3	4	5	6	7	8	9	10
分數	0	0	0	0	0	100	100	100	100	100

測驗結果 A

應考編號	1	2	3	4	5	6	7	8	9	10
分數	0	30	35	50	50	50	50	65	70	100

測驗結果 B

（答案在 p. 267）

●問題 3-4（常態分布與《34、14、2》）

前面內容提到，常態分布圖以標準差 σ 劃分後，會大致呈現 34%、14%、2%的比例（p. 138）。

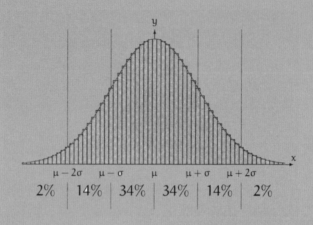

常態分布

假設數據的分布近似常態分布，試求滿足下列各不等式的數值 x，其個數約佔整體的多少比例。其中，平均數為 μ、標準差為 σ：

① $\mu - \sigma < x < \mu + \sigma$

② $\mu - 2\sigma < x < \mu + 2\sigma$

③ $x < \mu + \sigma$

④ $\mu + 2\sigma < x$

（答案在 p. 270）

第 4 章

投擲硬幣 10 次

> 「出現正面或者反面，兩種情況只會出現一種。」

4.1 村木老師的『問題卡片』

放學後，我待在學校的圖書室看書。過了不久，蒂蒂一邊小聲地自言自語，一邊走進圖書室。

蒂蒂：「果然是五次吧？」

我：「蒂蒂，誤會＊了什麼？」

蒂蒂：「啊，學長！聽我說，村木老師發給我一張『問題卡片』，問題不難，但⋯⋯」

村木老師不時會發給我們「問題卡片」，上頭總會寫著有趣的問題，或是謎一般的數學式子。

我：「問題不難，卻產生誤會？」

蒂蒂：「哎？啊，不是啦。我是說『five times』，五次啦。學長才誤會我的意思呢！」

＊日文的「五次」與「誤會」發音相同。

我：「啊，是那個意思啊……那麼，村木老師發給妳什麼樣的
　　問題？」

蒂蒂：「嗯，問題在這。」

投擲硬幣 10 次，
正面會出現幾次？

我：「只有這樣？」

蒂蒂：「只有這樣。」

我：「投擲硬幣 10 次，正面會出現幾次？感覺像是在自問自
　　答。投擲硬幣 10 次，正面應該會出現 5 次──妳是這個意
　　思嗎？」

蒂蒂：「對、對。就是這個意思。」

　　　蒂蒂微微點頭。

我：「嗯……但是，投擲硬幣 10 次，**正面未必出現 5 次喔。**」

蒂蒂：「嗯，這我知道。正面也可能出現 4 次、5 次或者 6 次
　　……甚至可能 10 次都是正面。投擲硬幣 10 次，正面可能
　　出現 1 次到 10 次。」

我：「沒錯，但也有可能出現 0 次。」

蒂蒂：「啊，對喔。正面也有可能出現 0 次，也就是全部都是
反面嘛。投擲硬幣 10 次，正面可能出現 0 次到 10 次」

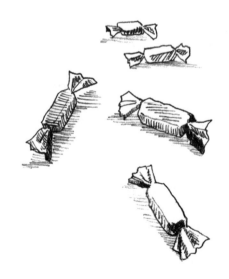

蒂蒂與我的思維

投擲硬幣 10 次，正面可能出現 0 次到 10 次，如下：

反反反反反反反反反反	正面出現 0 次的例子
反反正反反反反反反反	正面出現 1 次的例子
正反反反反正反反反反	正面出現 2 次的例子
反正反反正反反反正反	正面出現 3 次的例子
反正正反反正反反反正	正面出現 4 次的例子
反反正反正反正正正反	正面出現 5 次的例子
反正正反正正正反反	正面出現 6 次的例子
反正正正正正反正反	正面出現 7 次的例子
正反正正反正正正正	正面出現 8 次的例子
正正正反正正正正正	正面出現 9 次的例子
正正正正正正正正正	正面出現 10 次的例子

蒂蒂：「所以，關於村木老師的『問題卡片』，『正面出現幾次』正確來說沒辦法回答，但我想這張『問題卡片』要問的應該是：正面大概會出現幾次？」

我：「原來如此──對了，蒂蒂在拿到這張『問題卡片』時，
　　村木老師有說什麼嗎？」

蒂蒂：「沒有特別說什麼。我繳交標準化分數的報告時，老師
　　就拿給我這張『問題卡片』。」

我：「喔喔，妳有寫報告啊。」

蒂蒂：「嗯，我統整了前幾天學到的標準化分數⋯⋯」

我：「哈哈。所以，村木老師才拿給妳這張『問題卡面』，要
　　妳試著解解看『相關問題』。」

蒂蒂：「相關問題？」

我：「對。在標準化分數中，**平均數**和**標準差**扮演著重要角色。
　　接著，進一步討論投擲硬幣 10 次『正面出現次數』的平均
　　數和標準差。這或許很有趣喔！」

蒂蒂：「這樣啊！」

4.2　『正面出現次數』的平均數

我：「我們先來討論『正面出現次數』的平均數。」

> **問題 1（求平均數 μ）**
> 試求投擲硬幣 10 次『正面出現次數』的平均數 μ。

蒂蒂：「求平均數，把全部加起來除以 11 就行了。」

我：「咦？」

蒂蒂：「咦？從 0 次到 10 次共有 11 種情形，所以除以 11 嘛。」

我：「不對、不對，妳想錯了。」

蒂蒂：「我們要求硬幣『正面出現次數』的平均數，前面說『正面出現的次數』可能是 0 次、1 次、2 次……或者 10 次，不是把『正面出現的次數』全部加起來再除以 11 就好了嗎？計算後……果然是 5 次！」

『正面出現次數』的平均數（？）

$$\frac{0+1+2+3+4+5+6+7+8+9+10}{11} = \frac{55}{11} = 5$$

我：「蒂蒂，妳稍微冷靜一下。妳是在求什麼的平均數？」

蒂蒂：「我在求『正面出現次數』的平均數……」

我：「嗯，沒錯，但需要稍微補充一下，我們現在想要知道的是：在反覆多組『投擲硬幣 10 次』的試驗，平均下來的『正面出現幾次』。」

蒂蒂：「反覆多組『投擲硬幣 10 次』的試驗……的確像學長說的，我沒有想得那麼深。」

第 1 次試驗	反 正 反 正 反 反 正 反 反 反	正面出現 3 次
第 2 次試驗	反 反 正 反 正 正 正 反 反 正	正面出現 5 次
第 3 次試驗	正 反 正 反 反 反 正 反 反 正	正面出現 4 次

反覆『投擲硬幣 10 次』試驗的例子

我：「妳剛才列的算式：

$$\frac{0+1+2+3+4+5+6+7+8+9+10}{11}$$

感覺就像——『正面出現 0 次』、『正面出現 1 次』、『正面出現 2 次』……『正面出現 10 次』等，11 種情況出現的機率全部相等，把 0 到 10 分別乘以 $\frac{1}{11}$，再全部加起來。」

$$\frac{0+1+2+3+4+5+6+7+8+9+10}{11}$$

$$= \frac{0}{11} + \frac{1}{11} + \frac{2}{11} + \frac{3}{11} + \frac{4}{11} + \frac{5}{11} + \frac{6}{11} + \frac{7}{11} + \frac{8}{11} + \frac{9}{11} + \frac{10}{11}$$

蒂蒂：「咦？這就⋯⋯奇怪了。」

我：「執行 1 組『投擲硬幣 10 次』的試驗時，『正面出現次數』的機率不全然相同，不能這樣單純地相加相除喔。」

蒂蒂：「是喔⋯⋯」

我：「我們想要知道的是平均下來正面出現的次數，所以要將『正面出現次數』乘上『該次數的出現機率』。次數要先乘上機率權數再進行相加，也就是求加權平均數。」

蒂蒂：「⋯⋯原來如此。」

我：「前面的問題 1 只有說平均數，所以才會引起誤解吧，改成**期望值**可能會比較好。」

蒂蒂：「期望值？」

我：「嗯。『正面出現次數』的平均數值，稱為『正面出現次數』的**期望值**。然後，『正面出現次數』的期望值是『正面出現次數』乘上『該次數的出現機率』再相加起來。」

蒂蒂：「『正面出現次數』乘上『該次數的出現機率』⋯⋯」

我：「譬如，假設『正面出現 k 次的機率』為 P_k，則期望值就是相加 $0 \cdot P_0$、$1 \cdot P_1$、$2 \cdot P_2$ 到 $10 \cdot P_{10}$。」

蒂蒂:「意思是

$$0 \cdot P_0 + 1 \cdot P_1 + 2 \cdot P_2 + \cdots + 10 \cdot P_{10}$$

嗎?」

我:「沒錯。這就是『正面出現次數』的期望值。」

投擲硬幣 10 次『正面出現次數』的期望值

『正面出現次數』的期望值公式為:

$$0 \cdot P_0 + 1 \cdot P_1 + 2 \cdot P_2 + \cdots + 10 \cdot P_{10}$$

其中,P_k 是『正面出現 k 次的機率』。

蒂蒂:「平均數和期望值相同嗎?」

我:「嗯,平均數和期望值可看作相同,但期望值主要是針對隨機變數。」

蒂蒂:「隨機變數?」

我:「現在說的『正面出現次數』就是隨機變數。換句話說,隨機變數是『投擲硬幣 10 次』試驗中具體出現的數值。」

蒂蒂:「『投擲硬幣 10 次』正面可能出現 0 次、3 次或 10 次,這個 0、3、10 就是隨機變數?」

我：「『正面出現次數』是隨機變數，而 0、3、10 等是隨機變數的數值。」

蒂蒂：「原來如此。」

我：「『正面出現次數』是隨機變數，具體出現的數值隨每次試驗而變。然後，隨機變數的平均數，即為期望值。所以，平均數和期望值的意思幾乎相同。」

蒂蒂：「從字面上的意思來看，期望值就像『正面可期望出現的次數』嘛。」

我：「沒錯！在求期望值時，要先計算各隨機變數對應的機率，乘上各自的權數後求取平均數。」

蒂蒂：「權數……在這邊是指機率對吧？」

我：「是啊。機率愈高，該數值愈易出現；機率愈低，該數值愈難出現。隨機變數的數值乘上機率權數，求得的平均數值就是期望值。」

蒂蒂：「我大致了解了。在求『正面出現次數』的期望值時，

$$0 \cdot P_0 + 1 \cdot P_1 + 2 \cdot P_2 + \cdots + 10 \cdot P_{10}$$

這個式子就是計算 k 乘上 P_k 權數的平均數！」

我：「沒錯，就是這麼回事。」

蒂蒂：「換句話說，想要求『正面出現次數』的期望值，要先分別計算 P_1、P_2、P_3、……、P_{10}？」

我：「沒錯。我們來計算正面出現 k 次的機率 P_k 吧！」

4.3 正面出現 k 次的機率 P_k

> **問題 2（求機率）**
> 假設投擲硬幣 10 次，正面出現 k 次的機率為 P_k，試求 P_k。

蒂蒂：「這不難嘛。」

我：「是啊。只要考慮投擲硬幣 10 次的所有可能……」

蒂蒂：「等一下，學長。」

蒂蒂伸出右手，對我做出停止的手勢。

蒂蒂：「為了挽回名譽，這次讓我來作答。現在要求的是，投擲硬幣 10 次正面出現 k 次的機率 P_k。」

我：「嗯。」

蒂蒂：「這樣的話……

$$《正面出現 k 次的機率 P_k》 = \frac{《正面出現 k 次的可能值》}{《所有可能值》}$$

就要用這個式子來計算，對吧？」

我：「是啊。因為投擲硬幣 10 次的『所有可能』，發生的機率
相等。」

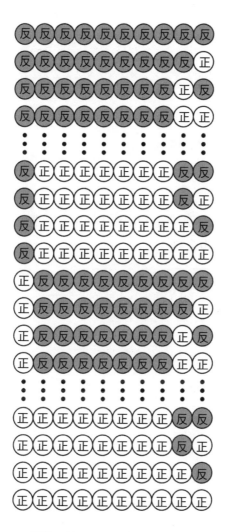

投擲硬幣 10 次的『所有可能』

蒂蒂：「嗯。投擲硬幣 10 次的所有可能值有 2^{10} 種。因為第 1 次投擲有正反 2 種可能，接著第 2 次也有正反 2 種可能⋯⋯以此類推：

$$\underbrace{2 \times 2 \times 2 \times 2 \times 2 \times 2 \times 2 \times 2 \times 2 \times 2}_{10 \text{ 個}} = 2^{10}$$

這就會是全部的排列組合。」

我：「沒錯。」

蒂蒂：「然後，10 次中正面出現 k 次的組合數，可以想成 10 枚選取 k 枚的組合數，

$$_{10}C_k = \binom{10}{k} = \frac{10!}{k!\,(10-k)!}$$

會像是這樣*。」

我：「嗯。做得不錯。」

蒂蒂：「所以，機率 P_k 會是：

$$P_k = \frac{1}{2^{10}} \cdot \binom{10}{k}$$
$$= \frac{1}{2^{10}} \cdot \frac{10!}{k!\,(10-k)!}$$

」

---

*參見《數學女孩秘密筆記 排列組合篇》。

解答 2（求取機率）

投擲硬幣 10 次正面出現 k 次的機率 P_k 會是：

$$P_k = \frac{1}{2^{10}} \cdot \binom{10}{k} = \frac{1}{2^{10}} \cdot \frac{10!}{k!\,(10-k)!}$$

我：「好厲害。一次就答對了。」

蒂蒂：「謝、謝謝誇獎。能被稱讚是很好啦……但計算這個感覺好複雜！」

我：「沒想到元氣少女蒂蒂也會感到畏懼。」

蒂蒂：「只、只要加油，肯定沒問題的！……先看 P_0，只要代入 $k = 0$ 就行了吧。」

$$P_0 = \frac{1}{2^{10}} \cdot \frac{10!}{0!\,(10-0)!}$$

$$= \frac{1}{2^{10}} \cdot \frac{10!}{1 \cdot 10!} \qquad \text{因為 } 0! = 1$$

$$= \frac{1}{2^{10}} \qquad\qquad \text{以 } 10! \text{ 約分}$$

我：「完成了呢。」

蒂蒂：「$P_0 = \dfrac{1}{2^{10}}$ 嘛。」

我：「沒錯。P_0 是『正面出現 0 次的機率』，也就是 10 次全是反面，2^{10} 中就只有 <u>1</u> 種而已。所以，$P_0 = \dfrac{1}{2^{10}}$ 的分子會是 1。」

正面為 0 次的可能只有 1 種

蒂蒂：「對嘛。」

我：「同理，P_1 也能馬上求出來吧？」

蒂蒂：「沒問題！」

$$
\begin{aligned}
P_1 &= \frac{1}{2^{10}} \cdot \frac{10!}{1!\,(10-1)!} \\
&= \frac{1}{2^{10}} \cdot \frac{10!}{9!} \\
&= \frac{1}{2^{10}} \cdot \frac{10 \times 9!}{9!} \qquad \text{因為 } 10! = 10 \times 9! \\
&= \frac{10}{2^{10}} \qquad\qquad \text{以 } 9! \text{約分}
\end{aligned}
$$

蒂蒂：「P_1 也不難嘛。因為 $P_1 = \dfrac{10}{2^{10}}$，約分後得 $\dfrac{5}{2^9}$。」

我：「啊，這邊不要約分會比較好。這樣 P_1 代表的意思才明顯，表示『正面僅出現 1 次的機率』。僅在第 1 次出現正面、僅在第 2 次出現正面……然後，僅在第 10 次出現正面，共有 10 種。分式不要約分，分母保持 2^{10}，$P_1 = \dfrac{10}{2^{10}}$ 的分子也就會是 10。」

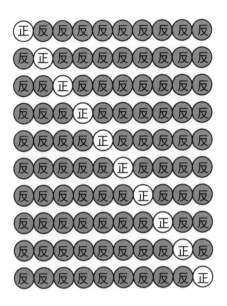

正面為 1 次的可能有 10 種

蒂蒂：「原來如此，我知道了。那麼，我接下去求 P_2！」

$$P_2 = \frac{1}{2^{10}} \cdot \frac{10!}{2!\,(10-2)!}$$

$$= \frac{1}{2^{10}} \cdot \frac{10!}{2 \cdot 8!} \qquad \text{因為 } 2! = 2 \times 1 = 2$$

$$= \frac{1}{2^{10}} \cdot \frac{10 \times 9 \times 8!}{2 \cdot 8!} \qquad \text{因為 } 10! = 10 \times 9 \times 8!$$

$$= \frac{1}{2^{10}} \cdot \frac{10 \times 9}{2} \qquad \text{以 } 8! \text{ 約分}$$

$$= \frac{45}{2^{10}}$$

蒂蒂：「跟前面一樣，這邊也要保持分母是 2^{10}。」

我：「$P_2 = \dfrac{45}{2^{10}}$ 的分子會是 45。1、10、45……差不多注意到了吧？」

蒂蒂：「注意到什麼？」

我：「後面不用一個一個計算，可以利用**巴斯卡三角形**！」

蒂蒂：「啊！」

4.4　巴斯卡三角形

蒂蒂：「對喔。10 枚選 k 枚的組合數，透過巴斯卡三角形馬上就可以知道了！嗯……」

巴斯卡三角形

```
                        1
                     1     1
                  1     2     1
               1     3     3     1
            1     4     6     4     1
         1     5    10    10     5     1
      1     6    15    20    15     6     1
   1     7    21    35    35    21     7     1
1     8    28    56    70    56    28     8     1
1     9    36    84   126   126    84    36     9     1
1    10    45   120   210   252   210   120    45    10     1
```

巴斯卡三角形的作法

製作巴斯卡三角形時，令各列兩端為 1，相鄰的兩數相加形
成下一列的數。

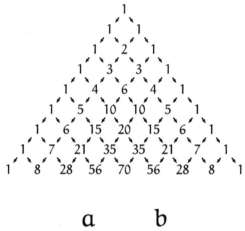

我：「數列 1, 10, 45, 120, 210, 252, 210, 120, 45, 10, 1，相當於
$\binom{10}{k}$ 且 $k = 0, 1, 2, \cdots, 10$，可以運用到期望值 μ 的計算上。」

$$
\begin{array}{ccccccccccc}
1 & 10 & 45 & 120 & 210 & 252 & 210 & 120 & 45 & 10 & 1 \\
\| & \| & \| & \| & \| & \| & \| & \| & \| & \| & \| \\
\binom{10}{0} & \binom{10}{1} & \binom{10}{2} & \binom{10}{3} & \binom{10}{4} & \binom{10}{5} & \binom{10}{6} & \binom{10}{7} & \binom{10}{8} & \binom{10}{9} & \binom{10}{10}
\end{array}
$$

由巴斯卡三角形取得組合數

蒂蒂：「『正面出現次數』可以作成這樣的圖表。」

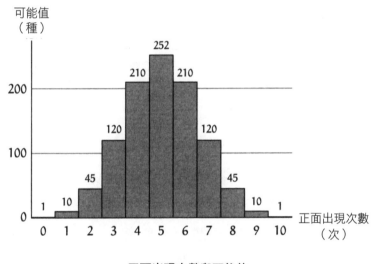

正面出現次數與可能值

我：「沒錯。正面出現 5 次的可能共有 252 種。」

蒂蒂：「從巴斯卡三角形求得組合數，這樣就能計算機率 P_k 和期望值了！」

$$\mu = 0 \cdot P_0 + 1 \cdot P_1 + 2 \cdot P_2 + \cdots + 10 \cdot P_{10}$$

$$= 0 \cdot \frac{1}{2^{10}} \binom{10}{0} + 1 \cdot \frac{1}{2^{10}} \binom{10}{1} + 2 \cdot \frac{1}{2^{10}} \binom{10}{2} + \cdots + 10 \cdot \frac{1}{2^{10}} \binom{10}{10}$$

$$= \frac{1}{2^{10}} \left\{ 0 \cdot \binom{10}{0} + 1 \cdot \binom{10}{1} + 2 \cdot \binom{10}{2} + \cdots + 10 \cdot \binom{10}{10} \right\}$$

$$= \frac{1}{2^{10}} (0 \cdot 1 + 1 \cdot 10 + 2 \cdot 45 + 3 \cdot 120 + 4 \cdot 210$$
$$\qquad\qquad + 5 \cdot 252 + 6 \cdot 210 + 7 \cdot 120 + 8 \cdot 45 + 9 \cdot 10 + 10 \cdot 1)$$

$$= \text{嗯……}$$

我：「啊，這邊要利用對稱性。巴斯卡三角形左右對稱，適當整合就能減少乘法運算，先結合乘數為 1、10、45、120、210 的項目。」

蒂蒂：「原來如此。」

$$\mu = \frac{1}{2^{10}} (0 \cdot \boxed{1} + 1 \cdot \boxed{10} + 2 \cdot \boxed{45} + 3 \cdot \boxed{120} + 4 \cdot \boxed{210}$$
$$\qquad + 5 \cdot 252 + 6 \cdot \boxed{210} + 7 \cdot \boxed{120} + 8 \cdot \boxed{45} + 9 \cdot \boxed{10} + 10 \cdot \boxed{1})$$

$$= \frac{1}{2^{10}} ((0+10) \cdot \boxed{1} + (1+9) \cdot \boxed{10} + (2+8) \cdot \boxed{45} + (3+7) \cdot \boxed{120}$$
$$\qquad + (4+6) \cdot \boxed{210} + 5 \cdot 252)$$

$$= \frac{1}{2^{10}} (10 \cdot 1 + 10 \cdot 10 + 10 \cdot 45 + 10 \cdot 120 + 10 \cdot 210 + 5 \cdot 252)$$

蒂蒂：「啊，這次再用 10 來整理。」

$$\mu = \frac{1}{2^{10}} \left(\boxed{10} \cdot 1 + \boxed{10} \cdot 10 + \boxed{10} \cdot 45 + \boxed{10} \cdot 120 + \boxed{10} \cdot 210 + 5 \cdot 252 \right)$$

$$= \frac{1}{2^{10}} \left(\boxed{10} \cdot (1 + 10 + 45 + 120 + 210) + 5 \cdot 252 \right)$$

$$= \frac{1}{2^{10}} \left(10 \cdot 386 + 5 \cdot 252 \right)$$

$$= \frac{1}{2^{10}} \left(3860 + 1260 \right)$$

$$= \frac{5120}{1024}$$

$$= 5$$

蒂蒂：「算出來了！期望值果然是 5 嘛！」

解答 1（求平均數 μ）

假設投擲硬幣 10 次『正面出現次數』的平均數（平均值）為 μ，則：

$$\mu = 5$$

我：「嗯。沒錯。」

蒂蒂：「平均數，也就是期望值為 5……咦？學長，$\mu = 5$ 不是理所當然嗎？」

我：「怎麼說？」

蒂蒂：「巴斯卡三角形左右對稱，所以期望值當然會剛好落在
0 到 10 的中間啊！」

我：「說的也是！平均數相當於重心，這是理所當然的結果。」

4.5 二項式定理

蒂蒂：「透過巴斯卡三角形，計算變得很輕鬆。」

我：「因為這就像是二項式定理啊。」

> **二項式定理**
>
> $$(x + y)^n$$
> $$= \binom{n}{0}x^0 y^{n-0} + \binom{n}{1}x^1 y^{n-1} + \binom{n}{2}x^2 y^{n-2} + \cdots + \binom{n}{n}x^n y^{n-n}$$
> $$= \sum_{k=0}^{n} \binom{n}{k}x^k y^{n-k}$$

蒂蒂：「嗯？嗯…我知道二項式定理……但哪裡有出現？」

我：「咦？利用二項式定理展開 $(x + y)^n$ 時，就是『x 或 y 選
一』重複『n 次』喔。譬如，代入 $n = 10$ 會像這樣。」

$$(\boxed{x}+y)(x+\boxed{y})(\boxed{x}+y)(\boxed{x}+y)(x+\boxed{y})(x+\boxed{y})(x+\boxed{y})(\boxed{x}+y)(\boxed{x}+y)(\boxed{x}+y)$$
$$\downarrow$$
$$xyxxyyyxxx$$

蒂蒂:「喔。在 10 組 $x+y$ 中有 6 組選 x,剩餘的選 y,形成 $xyxxyyyxxx$,也就是 x^6y^4 項。然後,x^6y^4 項有 $\binom{10}{6}$ 個……嗎?」

我:「沒錯。那就是二項式定理,而『x 或 y』可看作是『正或反』。」

$$(\boxed{正}或反)(正或\boxed{反})(\boxed{正}或反)(\boxed{正}或反)(正或\boxed{反})(正或\boxed{反})(正或\boxed{反})(\boxed{正}或反)(\boxed{正}或反)(\boxed{正}或反)$$
$$\downarrow$$
$$正反正正反反反正正正$$

蒂蒂:「對喔!這是一樣的嘛。」

4.6 『正面出現次數』的標準差

蒂蒂:「接下來求『正面出現次數』的標準差 σ。」

> **問題 3(求標準差 σ)**
> 試求投擲硬幣 10 次『正面出現次數』的標準差 σ。

我:「標準差 σ 等於 $\sqrt{變異數}$,要先求變異數 σ^2。變異數是『偏差平方的平均數』,也就是『偏差平方的期望值』,所以偏差平方乘上機率權數——會像這樣。」

$$\sigma^2 = \underbrace{(0-5)^2}_{\text{偏差平方……}} P_0 + \underbrace{(1-5)^2}_{\text{偏差平方……}} P_1 + \underbrace{(2-5)^2}_{\text{偏差平方……}} P_2 + \cdots + \underbrace{(10-5)^2}_{\text{偏差平方……}} P_{10}$$

蒂蒂：「這邊要減 5，是因為平均數為 5 嗎？」

我：「是啊。數值減去平均數求偏差。」

k	《正面出現次數》
$k-\mu$	《正面出現次數》的偏差
$(k-\mu)^2$	《正面出現次數》的偏差平方

蒂蒂：「嗯，這我知道。」

我：「所以，將 σ^2 寫成 Σ 的話——」

$$\sigma^2 = \sum_{k=0}^{10} \underbrace{(k-\mu)^2}_{\text{偏差平方}} P_k = \sum_{k=0}^{10} (k-5)^2 P_k$$

蒂蒂：「我懂了，要用這個來展開嘛！首先，$(k-5)^2 = k^2 - 10k + 5^2$……」

我：「就算不展開，也可以利用前面的記誦口訣喔*。」

《變異數》＝《平方的平均》－《平均的平方》

蒂蒂：「嗯……這要怎麼用在這邊呢？」

我：「這邊把平均改成期望值就行了。」

《變異數》＝《平方的期望值》－《期望值的平方》

---

*參見第 3 章 p.109。

蒂蒂:「原來如此。」

我:「期望值是 μ，所以變異數 σ^2 會變成這樣。」

$$
\begin{aligned}
\sigma^2 &= 《平方的期望值》 - 《期望值的平方》 \\
&= \sum_{k=0}^{10} k^2 P_k - \mu^2 \\
&= \sum_{k=0}^{10} k^2 P_k - 25 \qquad\qquad 由 \mu^2 = 5^2 = 25
\end{aligned}
$$

蒂蒂:「剩下 $\sum\limits_{k=10}^{10} k^2 P_k$ 的部分……也就是:

$$
0^2 P_0 + 1^2 P_1 + 2^2 P_2 + \cdots + 10^2 P_{10}
$$

只要硬著頭皮計算這個式子就行了。這其實不難,如同求平均數 μ 時的做法,提出 $\frac{1}{2^{10}}$ 整理,就出現巴斯卡三角形了!」

我:「沒錯!」

$$\sigma^2 = 《平方的期望值》 - 《期望值的平方》$$

$$= \sum_{k=0}^{10} k^2 P_k - 25$$

$$= 0^2 P_0 + 1^2 P_1 + 2^2 P_2 + \cdots + 10^2 P_{10} - 25$$

$$= \frac{1}{2^{10}} \left(0^2 \cdot \boxed{1} + 1^2 \cdot \boxed{10} + 2^2 \cdot \boxed{45} + 3^2 \cdot \boxed{120} + 4^2 \cdot \boxed{210} + 5^2 \cdot 252 \right.$$
$$\left. + 6^2 \cdot \boxed{210} + 7^2 \cdot \boxed{120} + 8^2 \cdot \boxed{45} + 9^2 \cdot \boxed{10} + 10^2 \cdot \boxed{1}\right) - 25$$

$$= \frac{1}{2^{10}} \left\{ (0 + 100) \cdot \boxed{1} + (1 + 81) \cdot \boxed{10} + (4 + 64) \cdot \boxed{45} + (9 + 49) \cdot \boxed{120} \right.$$
$$\left. + (16 + 36) \cdot \boxed{210} + 25 \cdot 252 \right\} - 25$$

$$= \frac{1}{2^{10}} \left(100 \cdot 1 + 82 \cdot 10 + 68 \cdot 45 + 58 \cdot 120 + 52 \cdot 210 + 25 \cdot 252\right) - 25$$

$$= \frac{1}{2^{10}} \left(100 + 820 + 3060 + 6960 + 10920 + 6300\right) - 25$$

$$= \frac{28160}{2^{10}} - 25$$

$$= \frac{28160}{1024} - 25$$

$$= 27.5 - 25$$

$$= 2.5$$

我：「這邊也會用到巴斯卡三角形的對稱性。」

蒂蒂：「嗯。但是，看來 $\frac{28160}{1024}$ 的複雜計算，卻出現 27.5 這樣漂亮的數字⋯⋯真是不可思議。我有算錯嗎？」

我：「妳沒有算錯。總之，因為變異數 $\sigma^2 = 2.5$，所以標準差 $\sigma = \sqrt{2.5}$，介於 1.5 至 1.6 之間。」

蒂蒂：「咦？學長把 $\sqrt{2.5}$ 的值背下來了？！」

我：「沒有，我只有背 $15^2 = 225$ 和 $16^2 = 256$ 喔。250 在 225 和 256 之間，所以 $\sqrt{2.5}$ 會在 1.5 和 1.6 之間。」

$$
\begin{array}{ccccc}
225 & < & 250 & < & 256 \\
15^2 & < & 250 & < & 16^2 \\
\sqrt{15^2} & < & \sqrt{250} & < & \sqrt{16^2} \\
15 & < & \sqrt{250} & < & 16 \\
1.5 & < & \sqrt{2.5} & < & 1.6
\end{array}
$$

蒂蒂：「原來如此。換句話說，σ 的值會是 1.5 多……」

我：「可再用計算機來算出正確數值。總之，我們知道了 $\sigma = \sqrt{2.5}$。」

解答 3（求標準差 σ）

假設投擲硬幣 10 次『正面出現次數』的標準差為 σ，則：

$$\sigma = \sqrt{2.5}$$

其中（$1.5 < \sigma < 1.6$）

蒂蒂：「算出來了……」

我：「這不容易計算。」

蒂蒂：「等等，讓我統整一下前面講的東西。開始計算後，注意力就會完全放在計算上，如果不回顧整理，我馬上就會弄糊塗了……」

- 現在正討論『投擲硬幣 10 次』的實驗。
- 『正面出現次數』每次未必相同。
- 『正面出現次數』一定介於 0 次到 10 次之間。
- 所以，我們改成討論平均下來的正面出現次數。

我：「平均下來的正面出現次數，也就是期望值。」

蒂蒂：「嗯！」

- 將『正面出現次數』乘上『該次數的出現機率』的權數，再全部相加起來。
- 由此求出『正面出現次數』的**期望值**。
- 為了求取期望值，要先計算『正面出現 k 次的機率 P_k』。
- 此時，計算『投擲 10 次正面出現 k 次的可能值』。
- 這相當於 10 枚選 k 枚的組合數。
- 組合數可由巴斯卡三角形簡單求得。
- 計算得期望值 $\mu = 5$。
- 表示平均正面會出現 5 次。

我：「正確。接下來整理標準差吧。」

蒂蒂：「好的。」

- 標準差 σ 是 $\sqrt{變異數}$，所以先求變異數。
- 變異數由『偏差平方』的平均數（期望值）來計算。
- 理論上是將『偏差平方』乘上機率，再全部加起來。
- 實際計算上會用：

  《變異數》＝《平方的期望值》－《期望值的平方》

- 利用巴斯卡三角形算得：

$$\sigma^2 = 2.5$$

推得標準差：

$$\sigma = \sqrt{2.5}$$

我：「妳整理得非常好。」

蒂蒂：「雖然計算起來不容易，但還算應付得來。巴斯卡三角形真是幫了大忙！」

我：「多虧妳的整理，讓我也釐清思緒了。妳還畫了圖表呢！謝謝。」

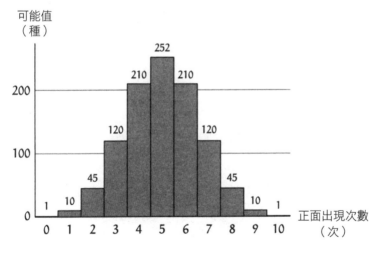

正面出現次數與可能值

蒂蒂：「不會。要不是學長幫忙，大概連計算都有問題。總之，期望值是 5、標準差是 $\sqrt{2.5}$。」

我：「這樣一來，針對村木老師的『正面會出現幾次』的問題，我們討論出的答案是：『正面出現次數的期望值是 5、標準差是 $\sqrt{2.5}$』。」

蒂蒂：「嗯……」

我：「當然，妳畫的圖表也是『正面會出現幾次』的答案。由這張圖表，馬上就能知道『正面出現次數』的機率。」

蒂蒂：「嗯！」

我：「因為期望值是 5，可說平均正面會出現 5 次。我們也計算了標準差 σ，如果正面出現次數偏離平均數，就能夠知道它的意外程度喔。」

蒂蒂：「說的也是。變異數、標準差是用來表示『意外程度』嘛。」

我：「是啊。這次例子的 σ 是 $\sqrt{2.5}$，大約是 1.5，則 $\mu-\sigma$ 和 $\mu+\sigma$ 分別約為 3.5 和 6.5。所以，以 σ 的『意外程度』來想，可知『投擲硬幣 10 次，正面約會出現 3.5～6.5 次』。」

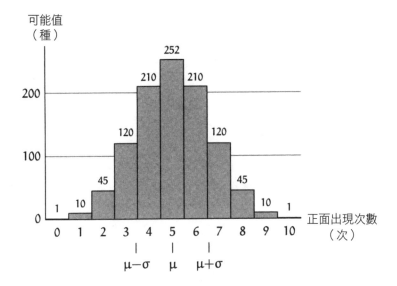

正面出現次數與可能值

蒂蒂：「喔,原來如此。圖表是以『寬幅』表示常出現的次數。
依據這張表,我們能夠正確計算投擲硬幣 10 次正面出現
4～6 次的機率。因為從巴斯卡三角形能得知正面出現 4～6
次的可能值!」

我：「喔喔,是啊!這就是 $P_4 + P_5 + P_6$。」

$$P_4 + P_5 + P_6 = \frac{《正面出現 4\sim6 次的可能值》}{《所有可能值》}$$

$$= \frac{\binom{10}{4} + \binom{10}{5} + \binom{10}{6}}{2^{10}}$$

$$= \frac{210 + 252 + 210}{1024}$$

$$= \frac{672}{1024}$$

$$= 0.65625$$

蒂蒂:「答案是 0.65625。」

我:「換句話說,如果說投擲硬幣 10 次『正面會出現 4~6 次』,約有 65.6 % 的機率正確。」

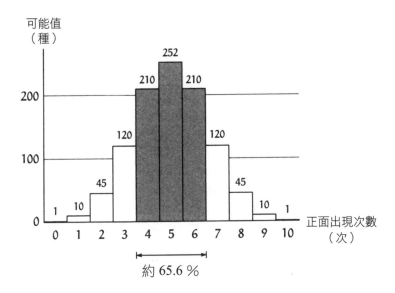

約 65.6 %

正面出現在 4～6 次的可能值

蒂蒂：「……學長，標準差好重要喔！！」

我：「嗯，是啊。」

蒂蒂：「我非常熟悉『平均數』，認為只要知道數據的平均數，就大概掌握數據的樣貌。『原來平均數是這個樣子啊』……但是、但是，『標準差』更厲害，可以知道平均數弄不清楚的事。就是這樣！只知道平均數就自以為了解，實在太糟糕了。」

我：「為什麼會很糟糕？」

蒂蒂：「在講標準化分數時，我就有這樣的感覺了。標準化分數的平均數是 50、標準差是 10，除了要了解平均數的 50 之外，也要確實理解標準差的 10 才行。因為自己的成績有多厲害，得看標準差才知道！」

我：「嗯，的確是這樣。妳所說的也可以套用到成績以外的事物吧。我們經常調查、收集大量的數值作成數據，但若只看平均數，可能因此誤判結果。除了平均數之外，也要確認標準差才行。出現數值的意外程度為何，就是以標準差作為參考的指標。」

蒂蒂：「嗯。只看平均數，容易產生誤解！」

「正面會不會連續出現 10 次？答案只有一個。」

第 4 章的問題

●問題 4-1（計算期望值與標準差）

投擲骰子 1 次會出現 6 種點數：

$$\boxed{\cdot}\ \boxed{\cdot\cdot}\ \boxed{\cdot\cdot\cdot}\ \boxed{::}\ \boxed{:\cdot:}\ \boxed{:::}$$

試求投擲骰子 1 次出現點數的期望值與標準差。假設所有點數的出現機率皆為 $\frac{1}{6}$。

（答案在 p. 273）

●問題 4-2（骰子遊戲）

試求擲骰子得分的單人遊戲，遊戲①與遊戲②各玩 1 輪時，各遊戲的得分期望值。

遊戲①

投擲骰子 2 次，得分為擲出點數的乘積。

（擲出 3 和 5，得分為 $3 \times 5 = 15$）

遊戲②

投擲骰子 1 次，得分為擲出點數的平方。

（擲出 4，得分為 $4^2 = 16$）

（答案在 p. 275）

第 5 章

投擲硬幣的真相

「只出現正面的硬幣，能說是公正嗎？」

5.1 和的期望值等於期望值的和

我和蒂蒂正在圖書室討論村木老師的「問題卡片」。此時，米爾迦走進圖書室。

米爾迦：「今天拿到什麼樣的問題？」

蒂蒂：「啊，米爾迦學姊！我們在討論『投擲硬幣 10 次，正面會出現幾次？』這是『問題卡片』。」

> 投擲硬幣 10 次，
> 正面會出現幾次？

米爾迦：「0 次以上、10 次以下。」

我：「我也正在和蒂蒂在討論這件事。」

我這麼一說，米爾迦臉上顯得有些不高興。

蒂蒂：「我們剛剛計算投擲硬幣 10 次，『正面出現次數』的期望值和標準差。只要透過巴斯卡三角形，筆算也沒問題。」

米爾迦：「期望值是 5、標準差是 $\sqrt{2.5}$。」

蒂蒂：「馬上心算出來！」

米爾迦：「經過一般化後，二項分布 $B(n, p)$ 的期望值會是 np、變異數會是 $np(1 - p)$。而 $n = 10$、$p = \frac{1}{2}$，所以期望值是 5、變異數是 2.5，則標準差是 $\sqrt{2.5}$。你們是怎麼做的？」

米爾迦低頭觀察我們寫出的式子，長長的黑髮流洩而下。

我：「我們是這樣計算的。」

投擲硬幣 10 次『正面出現次數』的期望值

『正片出現次數』的期望值是：

$$0 \cdot P_0 + 1 \cdot P_1 + 2 \cdot P_2 + \cdots + 10 \cdot P_{10}$$

其中，P_k 是『正面出現 k 次的機率』。

米爾迦：「為什麼不用『和的期望值等於期望值的和』呢？」

我:「和的期望值——」

蒂蒂:「——期、期望值的和？」

米爾迦:「投擲公正的硬幣 1 次，『正面出現次數』的期望值是 $\frac{1}{2}$。投擲 10 次的期望值，相當於相加 10 次，也就是期望值會是 $\frac{1}{2}$ 的 10 倍等於 5。這邊可以利用**期望值的線性性質**。」

$$\underbrace{\frac{1}{2}+\frac{1}{2}+\frac{1}{2}+\frac{1}{2}+\frac{1}{2}+\frac{1}{2}+\frac{1}{2}+\frac{1}{2}+\frac{1}{2}+\frac{1}{2}}_{\text{相加 10 次}}=\frac{10}{2}=5$$

蒂蒂:「能夠這麼簡單就算出期望值的線性性質嗎？」

我:「這樣就行了嗎……」

米爾迦:「期望值的線性性質可以用在各種隨機變數上，非常方便喔。」

蒂蒂:「二項分布、期望值的線性性質、隨機變數……出現這麼多名詞，我快要搞混了！」

蒂蒂邊在《秘密筆記》上做記錄邊這麼說。

米爾迦:「我們從基本觀念講起吧。」

5.2 期望值的線性性質

米爾迦:「『投擲硬幣』的行為稱為**實驗**。決定討論的實驗很重要，像是『投擲硬幣 10 次』、『投擲硬幣 1 次』、『投

　　擲骰子 1 次』……等。」

我：「前面討論的實驗是『投擲硬幣 10 次』。」

米爾迦：「然後，執行實驗所引起的現象稱為**事件**，也就是 event。」

蒂蒂：「『event』……的確是『事件』。」

米爾迦：「無法再繼續細分的事件，稱為**基本事件**。然後，基本事件所對應的數值，稱為**隨機變數**。」

蒂蒂：「隨機變數和機率不同嗎？」

米爾迦：「隨機變數和機率不同喔。」

我：「舉個例子吧。」

米爾迦：「也好。那就來說『投擲硬幣 1 次』的實驗吧。這個試驗中，有『出現正面』和『出現反面』2 種基本事件。」

蒂蒂：「嗯，這個我知道。」

米爾迦：「隨機變數是基本事件所對應的數值。舉例來說，假設『投擲硬幣 1 次』實驗中隨機變數 X 為『正面出現次數』。此時，『出現正面』和『出現反面』的基本事件，其隨機變數 X 的數值會像這樣。」

基本數件	表示『正面出現次數』的隨機變數 X 數值
《擲出正面》	1
《擲出反面》	0

我：「隨機變數 X 表示『正面出現次數』，的確會是這樣。」

蒂蒂：「1 是指出現正面 1 次、0 是指出現正面 0 次嗎？」

米爾迦：「沒錯。這個表格還可以寫成：

$$\begin{cases} X(《出現正面》) = 1 \\ X(《出現反面》) = 0 \end{cases}$$

所以，隨機變數可說是『基本事件對應的數值函數』」

我：「喔，原來如此。」

蒂蒂：「雖然叫做隨機變數，實際上卻是函數，真好玩……」

米爾迦：「隨機變數根據基本事件決定各種的數值，這些數值的平均數，即為隨機變數 X 的**期望值**：

$$E[X]$$

寫成數學式子，隨機變數 X 的期望值會是：

$$E[X] = \sum k \cdot Pr(X = k)$$

其中，Σ 是相加隨機變數 X 的所有可能值 k。」

期望值

隨機變數 X 的期望值 $E[X]$ 定義為：

$$E[X] = \sum k \cdot \Pr(X = k)$$

其中，Σ 是相加隨機變數 X 的所有可能值 k。

蒂蒂：「學長學姊，等等……一下子出現這麼多符號，我快要搞混了。$E[X]$ 的 E 是指什麼？」

米爾迦：「$E[X]$ 表示隨機變數 X 的期望值。$E[X]$ 的 E 是指『期望值』——"Expected Value" 的字首。」

蒂蒂：「原來如此。那 $Pr(X = k)$ 呢……？括號中間放入 $X = k$ 的式子，感覺好奇怪。」

我：「這是指 $X = k$ 時的機率」

米爾迦：「是的。$Pr(X = k)$ 表示『隨機變數 X 的值等於 k 時的機率』。Pr 是指『機率』——"Probability" 的字首。」

我：「之前*我們把期望值寫成 μ。」

---

* 參見第 4 章。

米爾迦：「期望值是隨機變數的平均數，所以也可以寫成 μ，但寫成 $E[X]$ 更能表達這是隨機變數 X 的期望值。」

我：「說的也是。」

米爾迦：「在『投擲硬幣 1 次』的實驗，假設隨機變數 X 為『正面出現次數』，則 X 的期望值會是：

$$E[X] = \sum_{k=0}^{1} k \cdot Pr(X=k)$$
$$= 0 \cdot \underbrace{Pr(X=0)}_{\text{反面出現的機率}} + 1 \cdot \underbrace{Pr(X=1)}_{\text{正面出現的機率}}$$

」

蒂蒂：「不好意思，我確認一下：$Pr(X=0)$ 是『反面出現的機率』、$Pr(X=1)$ 是『正面出現的機率』，兩種情況都是 $\frac{1}{2}$ 嗎？」

米爾迦：「如果投擲的硬幣公正，是這樣沒錯。」

蒂蒂：「『公正』……fair 的意思？」

米爾迦：「硬幣公正，是指正反面的出現機率相同。」

蒂蒂：「我了解了。」

米爾迦：「假設硬幣公正，則隨機變數 X 的期望值 $E[X]$ 會像這樣計算。X 的可能數值有 0 和 1，如同期望值的定義，0 乘上 $Pr(X=0)$、1 乘上 $Pr(X=1)$ 相加起來。」

$$E[X] = 0 \cdot \underbrace{Pr(X = 0)}_{\frac{1}{2}} + 1 \cdot \underbrace{Pr(X = 1)}_{\frac{1}{2}}$$

$$= 0 \cdot \frac{1}{2} + 1 \cdot \frac{1}{2}$$

$$= \frac{1}{2}$$

蒂蒂:「嗯⋯⋯這個最後的 $\frac{1}{2}$ 是指『投擲硬幣 1 次正面出現次數的期望值』嘛?」

我:「是啊。」

米爾迦:「硬幣不公正時,也是相同的思考方式。在『投擲硬幣 1 次』的試驗中,假設正面出現的機率為 p,則反面出現的機率會是 $1 - p$,所以表示『正面出現次數』隨機變數 X 的期望值會像這樣。」

$$E[X] = 0 \cdot \underbrace{Pr(X = 0)}_{1-p} + 1 \cdot \underbrace{Pr(X = 1)}_{p}$$

$$= 0(1 - p) + 1p$$

$$= p$$

蒂蒂:「到這邊都沒有問題。我想問的是⋯⋯」

蒂蒂重讀翻開的《祕密筆記本》。

蒂蒂:「前面出現的『期望值的線性性質』,這是指什麼?」

米爾迦:「期望值的線性性質是期望值的特性之一。」

期望值的線性性質

假設隨機變數為 X、Y，常數為 a，則下述性質成立。

《和的期望值等於期望值的和》

$$E[X + Y] = E[X] + E[Y]$$

《常數倍的期望值等於期望值的常數倍》

$$E[aX] = aE[X]$$

蒂蒂：「……」

我：「換句話說，計算隨機變數和值 $X + Y$ 的期望值 $E[X + Y]$ 時，直接把 X 的期望值 $E[X]$ 加上 Y 的期望值 $E[Y]$ 就行了喔，蒂蒂。」

蒂蒂：「喔……假定期望值具備這樣的性質，為什麼能夠那麼簡單就求出期望值呢？我還是想不通……，雖然我能理解學長前面寫的期望值公式啦。」

$$0 \cdot P_0 + 1 \cdot P_1 + 2 \cdot P_2 + \cdots + 10 \cdot P_{10}$$

米爾迦：「這個式子是照著定義寫下來的，老實地各別求出表示『正面出現次數』隨機機率 X 為 $0,1,2,\cdots,10$ 的機率，完全根據期望值的定義來計算*：

＊參見第 4 章（p. 151）。

$$E[X] = \sum_{k=0}^{10} k \cdot \Pr(X = k)$$

」

我：「這是利用期望值的定義，答案不會有錯。」

米爾迦：「當然，答案沒有錯。我們回來講怎麼使用期望值的線性性質吧。在『投擲硬幣 10 次』的實驗，假設隨機變數 X 為『正面出現次數』。」

蒂蒂：「好的。」

米爾迦：「針對同樣『投擲硬幣 10 次』的實驗，像這樣討論另外 10 個不同於 X 的隨機變數。」

$X_1 = 《第 1 次投擲硬幣，正面出現為 1、反面出現為 0》$

$X_2 = 《第 2 次投擲硬幣，正面出現為 1、反面出現為 0》$

$X_3 = 《第 3 次投擲硬幣，正面出現為 1、反面出現為 0》$

$X_4 = 《第 4 次投擲硬幣，正面出現為 1、反面出現為 0》$

$X_5 = 《第 5 次投擲硬幣，正面出現為 1、反面出現為 0》$

$X_6 = 《第 6 次投擲硬幣，正面出現為 1、反面出現為 0》$

$X_7 = 《第 7 次投擲硬幣，正面出現為 1、反面出現為 0》$

$X_8 = 《第 8 次投擲硬幣，正面出現為 1、反面出現為 0》$

$X_9 = 《第 9 次投擲硬幣，正面出現為 1、反面出現為 0》$

$X_{10} = 《第 10 次投擲硬幣，正面出現為 1、反面出現為 0》$

蒂蒂：「咦？這是⋯⋯」

米爾迦：「隨機變數 X_j 是指在『投擲硬幣 10 次』的實驗中，第 j 次投擲硬幣出現正面的隨機變數為 1、出現反面的隨機變數為 0。」

蒂蒂：「能再說得具體一點嗎？」

米爾迦：「舉例來說，投擲硬幣 10 次出現的結果為『反正正反反正正正反反』，則 $X_9 = 0$；若是『反正正反反正正正正反』，則 $X_9 = 1$。寫成函數會像這樣。」

$$X_9（反正正反反正正正反反）= 0$$
$$X_9（反正正反反正正正正反）= 1$$

蒂蒂：「原來如此，X_9 是僅在第 9 次出現正面時為 1 的隨機變數嘛！」

米爾迦：「對。由這樣來看，下式明顯成立。」

$$X = X_1 + X_2 + \cdots + X_{10}$$

蒂蒂：「那麼，為什麼這會『明顯』」成立？」

我：「蒂蒂，只要了解各隨機變數的意義，就非常明顯喔。隨機變數 X 表示『正面出現次數』，所以會是相加全部『第 j 次出現正面時為 1』隨機變數 X_j 的數值。」

蒂蒂：「等一下。舉例來說……以：

$$反正正反反正正正反反$$

為例——

$$X_1（反正正反反正正正反反）= 0$$
$$X_2（反正正反反正正正反反）= 1$$
$$X_3（反正正反反正正正反反）= 1$$
$$X_4（反正正反反正正正反反）= 0$$
$$X_5（反正正反反正正正反反）= 0$$
$$X_6（反正正反反正正正反反）= 1$$
$$X_7（反正正反反正正正反反）= 1$$
$$X_8（反正正反反正正正反反）= 1$$
$$X_9（反正正反反正正正反反）= 0$$
$$X_{10}（反正正反反正正正反反）= 0$$

——啊，我懂了。這個正全部加起來的 5，就是『正面出現次數』嘛！

$$X（反正正反反正正正反反）= 5$$

的確，這個式子會成立：

$$X = X_1 + X_2 + \cdots + X_{10}$$

非常明顯！我弄懂了！」

米爾迦：「這邊弄懂之後，利用期望值的線性性質，就能理解為什麼 $E[X] = 5$ 了。」

$$\begin{aligned} E[X] &= E[X_1 + X_2 + \cdots + X_{10}] \\ &= E[X_1] + E[X_2] + \cdots + E[X_{10}] \\ &= \underbrace{\frac{1}{2} + \frac{1}{2} + \cdots + \frac{1}{2}}_{10} \\ &= 5 \end{aligned}$$

由 $X = X_1 + X_2 + \cdots + X_{10}$

由期望值的線性性質

由 $E[X_j] = \frac{1}{2}$ より

蒂蒂：「原來如此……這樣就完全弄懂了！」

米爾迦：「假設正面出現的機率為 p、投擲次數為 n，便能夠一般化。換句話說：

$$\begin{aligned} E[X] &= E[X_1 + X_2 + \cdots + X_n] \\ &= E[X_1] + E[X_2] + \cdots + E[X_n] \\ &= \underbrace{p + p + \cdots + p}_{n\,個} \\ &= np \end{aligned}$$

這樣就知道『正面出現次數』的期望值是 np。再稍微計算一下，『正面出現次數』的標準差會是 $\sqrt{np(1-p)}$。＊」

5.3 二項分布

蒂蒂再次翻開《秘密筆記》

蒂蒂：「前面還有提到『二項分布』。」

＊參見附錄：二項分布的期望值、變異數、標準差（p. 236）。

米爾迦：「**二項分布**是機率分布的一種。投擲正面出現機率為
　　　　p 的硬幣 n 次，遵從『正面出現次數』隨機變數的機率分
　　　　布，就是二項分布。假設每次的硬幣投擲皆為獨立事
　　　　件。」

蒂蒂：「獨立事件？」

我：「就是指過去出現正反的結果不影響下次的投擲硬幣。」

蒂蒂：「不好意思，我還有問題。請問機率分布是什麼？機率、
　　　　隨機變數、機率分布，類似的名詞好多……」

米爾迦：「執行實驗帶出某基本事件，發生的基本事件決定隨
　　　　機變數的值。那麼，隨機變數為該數值的機率為多少？機
　　　　率分布用來表示，各隨機變數的數值分布情形。二項分布
　　　　的圖表可以幫助我們了解。」

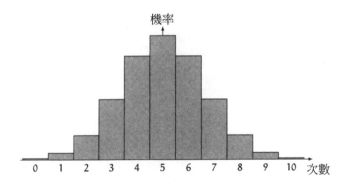

投擲公正硬幣 10 次的機率分布

二項分布 $B(10, \frac{1}{2})$

米爾迦：「這是二項分布 $B(10, \frac{1}{2})$ 的機率分布。二項分布以投擲硬幣的次數 n 和機率 p 表示成：

$$B(n, p)$$

橫軸為隨機變數的和值，以投擲硬幣來說，就是正面出現的次數。」

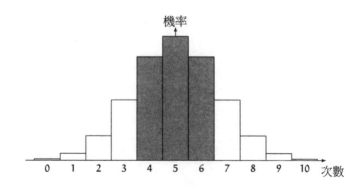

投擲公正硬幣 10 次，正面出現 4、5 或 6 次的機率

米爾迦：「譬如，『正面出現 4、5 或 6 次的機率』，會是這些次數的出現機率相加。」

蒂蒂：「啊，巴斯卡三角形！10 個選 k 個的組合數會是 $\binom{10}{k}$。」

k	0	1	2	3	4	5	6	7	8	9	10
$\binom{10}{k}$	1	10	45	120	210	252	210	120	45	10	1

組合數

米爾迦：「這是組合數。因為二項分布是機率分布，機率的總和必須是 1，所以要再除以 $2^{10} = 1024$。」

k	0	1	2	3	4	5	6	7	8	9	10
$\dfrac{\binom{10}{k}}{2^{10}}$	$\dfrac{1}{1024}$	$\dfrac{10}{1024}$	$\dfrac{45}{1024}$	$\dfrac{120}{1024}$	$\dfrac{210}{1024}$	$\dfrac{252}{1024}$	$\dfrac{210}{1024}$	$\dfrac{120}{1024}$	$\dfrac{45}{1024}$	$\dfrac{10}{1024}$	$\dfrac{1}{1024}$

二項分布 $B(10, \dfrac{1}{2})$

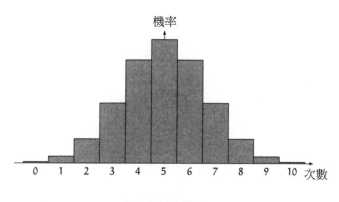

機率的總和等於 1

米爾迦：「如同上述，機率分布表示『隨機變數的機率』的分布情形。」

蒂蒂：「原來如此……」

米爾迦：「除了二項分布以外，還有其他不同的機率分布，像是基本事件發生機率皆相同的均勻分布。以『投擲公正骰子 1 次』的實驗來說，有『出現 ⚀』～『出現 ⚅』等 6 種基本事件。隨機變數為骰子的點數，各數值出現的機率皆為 $\dfrac{1}{6}$。這也是均勻分布。」

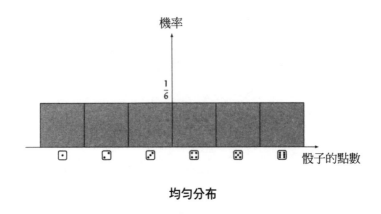

均勻分布

米爾迦：「當二項分布的 n 愈大，取極限 $n\to\infty$ 時，機率分布會呈現**常態分布**。」

蒂蒂：「常態分布……」

米爾迦：「二項分布的 n 愈大，相當於投擲骰子的次數愈多。調查正面出現幾次時，會直接相加出現正面的硬幣數。這樣來想，就能理解為什麼各種現象的統計量會近似常態分布。把不同因素視為投擲硬幣，由該因素的總和決定我們眼前發生的現象，這算是一種**單純的數理模型**。」

蒂蒂：「……」

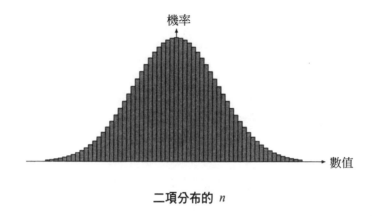

二項分布的 n

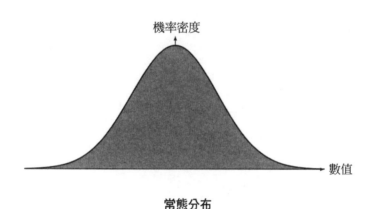

常態分布

米爾迦:「二項分布是離散型機率分布,所以機率以總和(Σ)
　　　來計算;常態分布是連續型機率分布,縱軸為機率密度,
　　　所以機率以積分(∫)來計算。」

5.4　硬幣真的公正嗎？

蒂蒂：「光由投擲硬幣，就能討論這麼多事情。」

米爾迦：「在投擲硬幣時，會產生一個單純卻重要的疑問：
　　『硬幣真的公正嗎？』──硬幣出現正面的機率真的是 $\frac{1}{2}$
　　嗎？」

米爾迦邊說邊用手指扶正眼鏡。

蒂蒂：「這是說，假設我們拿的百圓日幣不公正嗎？」

米爾迦：「正面出現的機率能說是 $\frac{1}{2}$ 嗎？」

蒂蒂：「應該可以吧。因為又沒有哪面特別重。」

我：「硬幣表面凹凹凸凸，重量多少有不均吧。」

蒂蒂：「那把硬幣的正反面磨光，重量就不會有不均了！」

米爾迦：「意思是讓正反面完全相同？」

蒂蒂：「是啊，完全相同。」

米爾迦：「這樣要怎麼分正反面呢？」

蒂蒂：「啊……」

米爾迦：「即便準備一枚均勻的硬幣，主張『這枚硬幣公
　　正』，也沒辦法透過數學直接證明。」

我：「嗯……」

蒂蒂：「沒有辦法啊……」

米爾迦：「數學一直存在這個問題。針對物理上的性質、社會上的現象，數學都無法直接給予證明。數學只能提示如何操作數理模型而已。如同我們處理投擲硬幣的問題，實際上並沒有真的投擲硬幣，而是操作投擲硬幣的數理模型。這並不限於投擲硬幣，面對各種現象，我們都會將其數理化，轉為『事件發生機率為 p，反覆操作 n 次的結果』。然後，整理前提條件，從數學的角度解釋數理模型化的現象。」

蒂蒂：「嗯……不太懂耶。」

我：「舉個例子吧。譬如？」

米爾迦：「也好。譬如──」

投擲硬幣 10 次全部出現反面。
能說這枚硬幣公正嗎？

蒂蒂：「如果公正，全部出現反面的機率應該是 $\frac{1}{1024}$。」

我：「投擲硬幣 10 次全部出現反面，這是非常罕見的情況。這樣難說是公正的硬幣吧。」

蒂蒂:「但是,機率不為 0。只要機率不為 0,就有可能發生吧?」

此時,米爾迦打了一個響指。

米爾迦:「沒錯。投擲公正硬幣 10 次,『全部出現反面』的機率的確不為 0。可是,只主張『機率不為 0,所以可能發生』就太可惜了。」

蒂蒂:「可惜?」

米爾迦:「除了『機率不為 0』之外,我們還有許多條件,像是『機率為 $\frac{1}{1024}$』。」

我:「原來如此。」

米爾迦:「只要機率不為 0,就有可能發生——的確是有其可能。但是,不能再說得更明確一點嗎?這邊來做整理吧。」

- 假設投擲的硬幣是公正的。
- 投擲 10 次全部出現反面。
- 也就是『正面出現次數』為 0 次。
- 假設『硬幣公正』,『正面出現次數』的罕見情形,發生機率只有 $\frac{1}{1024}$。
- 投擲的硬幣真的可說是公正的嗎?

我:「雖然難說公正,但有可能是公正的。」

蒂蒂：「硬幣公不公正，兩種情況只會出現一種。」

- 這枚硬幣公正。
- 這枚硬幣不公正。

米爾迦：「過於拘泥這邊，會陷入『非零即一的詛咒』。」

蒂蒂：「詛、詛咒？」

米爾迦：「非零即一、非黑即白、公不公正……即便『兩種情況只會出現一種』，在無法衡量的情況下，想要斷定其中一邊是有風險的做法。」

我：「說成詛咒也太誇張了吧……」

米爾迦：「我們還知道『機率為 $\frac{1}{1024}$』，活用這個條件吧，像是提出這樣的主張。」

- 硬幣是公正的──
  如果這個主張正確，
  有低於 1% 的機率發生『意外情況』。

我：「因為有 1% 的機率會發生『意外情況』，所以『硬幣是公正的』的主張有 99% 的機率是錯誤的？」

米爾迦：「不對，這邊沒有提示主張錯誤的機率，只是假定『硬幣是公正的』的主張正確，有多少機率會發生『意外情況』。」

蒂蒂：「『硬幣是公正的』，這個主張只有 1% 的機率是正確的？」

米爾迦：「不對，也不是這樣。這邊**沒有**提示主張正確的機率。針對主張真偽的機率，也沒有任何提示，只是在『硬幣是公正的』的假設下，討論事件發生的機率而已。當然，我們會根據這樣的提示，討論該假設的真偽。」

我：「因為出現 1% 這樣的數字，才會讓人產生誤會。」

米爾迦：「當然，1% 只是一個例子。」

蒂蒂：「不過……這真是曖昧的比喻呢。」

米爾迦：「所以，才需要決定步驟，進行**假設檢定**。」

5.5　假設檢定

米爾迦：「假設檢定的步驟像這樣。」

假設檢定的步驟

　　1. 提出虛無假設和對立假設。

　　2. 確立檢定統計量。

　　3. 決定錯誤率（顯著水準）和拒絕域。

　　4. 檢定統計量是否落在拒絕域？

　　　　。落在區域內，拒絕虛無假設。

　　　　。未落在區域內，不拒絕虛無假設。

蒂蒂：「又出現新的名詞了……什麼是虛無假設？」

米爾迦：「我們現在討論的是硬幣公不公正，所以提出虛無假設『硬幣是公正的』。虛無假設，是假設檢驗一開始提出的假說，再由錯誤率決定拒不拒絕，最後回歸虛無的假設。」

蒂蒂：「原來如此，以想要證明的事作為虛無假設。」

米爾迦：「不是，錯了。假設檢定的關鍵在於『拒絕虛無假設』。拒絕的意思就是捨棄，我們提出虛無假設『硬幣是公正的』，檢驗能否捨棄該假設。就這個意思來說，應該說以想要否定的事情作為虛無假設。然後，以想要證明的事情作為對立假設。譬如，我們可以提出對立假設『硬幣不是公正的』。」

我：「感覺就像是機率的反證法。」

蒂蒂：「拒絕虛無假設，這我還是不能理解……」

米爾迦：「拒絕虛無假設的情況，是在檢定統計量出現意外的數值。拒絕虛無假設的檢定統計量領域，稱為**拒絕域**。先假定虛無假設為真，如果發生非常意外的情況，則虛無假設本身為偽──這就是假設檢定的思維。拒絕域是指『意外數值』的領域，以**錯誤率**來表現。錯誤率又稱為**顯著水準**。」

蒂蒂：「我還是不太懂，能夠舉例嗎……？」

米爾迦：「譬如虛無假設是『硬幣是公正的』、檢定統計量是『正面出現次數』。提出虛無假設『硬幣是公正的』，所以當『正面出現次數』過少或者過多，就會發生意外情況。」

蒂蒂：「是這樣……沒錯。」

米爾迦：「譬如，假設錯誤率為 1%。在投擲硬幣 10 次的二項分布中，『硬幣是公正的』的前提下，發生機率小於 1%的『意外情況』會是什麼？這個『意外情況』，就是檢定統計量落在『正面出現次數』的拒絕域。」

我：「嗯，我懂了。要說在『硬幣是公正』前提下所發生的『意外情況』，就是二項分布的兩端部分嘛。『全部出現反面』和『全部出現正面』兩者的機率都是 $\frac{1}{1024}$，加起來會是 $\frac{1}{1024} = 0.001953125$，約為 0.2%。這不就是發生機率小於 1%的『意外情況』嗎？」

k	0	1	2	3	4	5	6	7	8	9	10
Pr(X = k)	$\frac{1}{1024}$	$\frac{10}{1024}$	$\frac{45}{1024}$	$\frac{120}{1024}$	$\frac{210}{1024}$	$\frac{252}{1024}$	$\frac{210}{1024}$	$\frac{120}{1024}$	$\frac{45}{1024}$	$\frac{10}{1024}$	$\frac{1}{1024}$
Pr(X = 5)						24.6%					
Pr(4 ≦ X ≦ 6)						65.6%					
Pr(3 ≦ X ≦ 7)						89.0%					
Pr(2 ≦ X ≦ 8)						97.9%					
Pr(1 ≦ X ≦ 9)						99.8%					
Pr(0 ≦ X ≦ 10)						100%					

投擲公正硬幣 10 次『正面出現次數』的機率
（四捨五入到小數點後第 2 位）

米爾迦：「以這個表格來看，錯誤率 1% 和錯誤率 5% 的拒絕域
會分別落在這裡。」

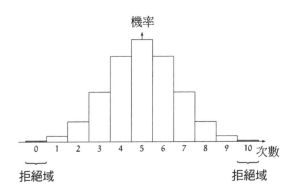

錯誤率 1% 的拒絕域

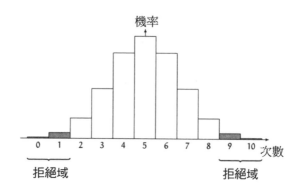

錯誤率 5%的拒絕域

米爾迦：「那麼，我們回到投擲硬幣 10 次，以『全部出現反面』為前提，討論假設檢定吧。」

1. 提出**虛無假設**和**對立假設**。

　　　虛無假設：『硬幣是公正的』

　　　對立假設：『硬幣不是公正的』

2. 確立**檢定統計量**。

　　　檢定統計量：『正面出現次數』

3. 決定**錯誤率**（顯著水準）和**拒絕域**。

　　　錯誤率：1%

　　　拒絕域：『正面出現次數』為 0 次或者 10 次

4. **檢定統計量**是否落在拒絕域？

　　　投擲 10 次硬幣全部出現反面。

　　　『正面出現次數』為 0 次，落在拒絕域。

　　　所以，在錯誤率 1%下，

　　　拒絕虛無假設『硬幣是公正的』。

我：「原來如此。」

米爾迦：「根據最後的說法：

> 在錯誤率 1% 下
> 拒絕虛無假設『硬幣是公正的』。

能夠主張：

> 『硬幣是公正的』——
> 若該主張為真，
> 則有小於 1% 的機率發生『意外情況』。

或者說成：

> 在統計上，
> 『硬幣不是公正的』有 1% 的顯著水準。

錯誤率又稱為**顯著水準**。」

蒂蒂：「……我懂了。提出虛無假設後，我們會討論『意外情況』發生的可能性。那麼，**錯誤率**又是指什麼發生錯誤的機率呢？」

米爾迦：「這是假設發生錯誤的機率。」

我：「剛才說到全部出現反面而拒絕假設，但也有不拒絕假設的情況吧？」

米爾迦：「當然。譬如投擲硬幣 10 次，**正面剛好只出現 1 次**的情況，沒有落在錯誤率 1%『正面出現 0 次或者 10 次』的

拒絕域。因此，正面剛好出現 1 次的情況，在錯誤率 1% 下，不拒絕虛無假設『硬幣是公正的』。」

蒂蒂：「的確，比起投擲 10 次『全部出現反面』，『出現 1 次正面』感覺比較公正。」

我：「意思是投擲 10 次出現 1 次正面，<u>在錯誤率 1% 下，不拒絕虛無假設</u>『硬幣是公正的』。」

米爾迦：「沒錯。這邊要注意的一點是，『不拒絕』虛無假設不表示『接受』該虛無假設。」

○不拒絕虛無假設
×接受虛無假設

蒂蒂：「不拒絕不就表示接受嗎？不拒絕虛無假設『硬幣是公正的』，就是不捨棄該虛無假設嘛，這樣不就表示『硬幣是公正的』嗎？」

米爾迦：「不對喔。那只是不拒絕虛無假設『硬幣是公正的』，但不能主張『硬幣是公正的』。我們不會用『採用虛無假設』的說法。」

蒂蒂：「為什麼？」

米爾迦：「因為不拒絕只是表示，在『硬幣是公正的』的前提下，沒有發生『意外情況』。這只是沒有找到『硬幣是公正的』的意外情況，但沒有充分的證據支持虛無假設。」

我：「對喔，以反證法來說，就是沒有找到矛盾的情況，僅只
　　如此沒辦法證明什麼。」

米爾迦：「手邊的證據不能作為有罪的證據，所以無法判定嫌
　　疑犯有罪，但這並未證明嫌疑犯無罪，只是處於無法斷定
　　有無罪狀的狀態。不拒絕虛無假設也是同樣的情況。」

蒂蒂：「嗯……」

蒂蒂又重新看了一次假設檢定的步驟。

蒂蒂：「『投擲硬幣 10 次出現 1 次正面』的場合，在錯誤率
　　1%下，不拒絕虛無假設『硬幣是公正的』，但同樣的虛無
　　假設，在錯誤率更大的情況下，就會遭到拒絕。」

米爾迦：「沒錯。錯誤率通常會取 1%或 5%。在錯誤率 1%下，
　　不拒絕虛無假設『硬幣是公正的』，但在錯誤率 5%下就可
　　能遭到拒絕。」

蒂蒂：「可是，這樣……不是很奇怪嗎？硬幣就只有公正或不
　　公正，卻說成拒絕、不拒絕，這樣感覺好奇怪。」

米爾迦：「這也是『非零即一的詛咒』喔，蒂蒂。拒不拒絕虛
　　無假設，並不能決定硬幣是否公正。假設檢定的錯誤率，
　　到底只是決定拒絕虛無假設的拒絕域大小。由現在觀測到
　　的情況得到什麼結論？這會因問題的社會性重要度、想要
　　減少多少『虛無假設為真卻遭到拒絕』的錯誤可能性而改
　　變。只要縮小錯誤率，就能減少誤判的可能性。」

蒂蒂：「這樣的話，只要把錯誤率取得非常小，不就『安全』
　　了嗎？」

米爾迦：「雖然可以這樣做，但錯誤率取得愈小，能從數據能
　　得到的結論就愈少。如果錯誤率取得太小，不論發生什麼
　　情況都無法拒絕虛無假設，這樣假設檢定什麼都不能主
　　張。的確，這方法能夠防止明明虛無假設為真卻遭到拒絕
　　的偏誤，在防範犯錯方面是『安全』的，但這樣真的妥當
　　嗎？」

蒂蒂：「……好難喔。」

我：「假設檢定的概念感覺像是標準差的『意外程度』，同樣
　　是利用意外情況會不會發生。如果發生非常意外的情況，
　　就算錯誤率小，虛無假設也會被拒絕。標準差概念真的很
　　重要……」

5.6 柴比雪夫不等式

米爾迦:「標準差非常好用。譬如有 100 位應試者,如果得分的分布近似常態分布,則得分 x 滿足 $\mu - 2\sigma < x < \mu + 2\sigma$ 的人約有 96 人。」

我:「從『34, 14, 2』可推算出滿足條件的人數,約占總人數的 96%*。」

米爾迦:「但是,即使不知道得分的分布,標準差還是很好用。譬如,在任何分布,得分 x 滿足下式的應試者一定多於 75 人:

$$\mu - 2\sigma < x < \mu + 2\sigma$$

只要知道平均數 μ 和標準差 σ,就能夠這樣說。」

蒂蒂:「這樣啊。」

我:「米爾迦會用『一定』這樣的字眼,真讓人意外。」

米爾迦:「我說『一定』,表示一定會發生。這不是經驗法則,也不只限於常態分布,更不是我的臆測。在任何分布,得分 x 滿足下式的人比例一定多於 75%:

$$\mu - 2\sigma < x < \mu + 2\sigma$$

」

---

*參見問題 3-4 ②(p. 142)。

蒂蒂：「75%……」

米爾迦：「反過來說，在任何分布，

$$\mu - 2\sigma < x < \mu + 2\sigma$$

數值 x 不滿足上述的比例，一定在 25% 以下。這稱為**柴比雪夫不等式**（Chebyshev inequality），是可以證明的定理。數值偏離平均數 2σ 以上的比例一定低於 25%。」

蒂蒂：「25%……25 的數字是怎麼來的？」

米爾迦：「這是從 $\dfrac{1}{2^2} = \dfrac{1}{4} = 0.25$ 來的，$\dfrac{1}{2^2}$ 的 2 是 2σ 的 2。柴比雪夫不等式的說明如下。」

柴比雪夫不等式
在任何分布，

$$\mu - K\sigma < x < \mu + K\sigma$$

數值 x 不滿足上式的比例低於 $\dfrac{1}{K^2}$。
其中，μ 為平均數、σ 為標準差、K 為正常數。

我：「這在任何分布都成立嗎？」

米爾迦：「是的。而且，K 為任意的正常數。說法也可以換成這樣。」

柴比雪夫不等式（換句話說）

在任何分布，

$$|x - \mu| \geqq K\sigma$$

數值 x 滿足上式的比例低於 $\dfrac{1}{K^2}$。

其中，μ 為平均數、σ 為標準差、K 為正常數。

蒂蒂：「嗯⋯⋯」

我：「這真的有辦法證明嗎？」

米爾迦：「可以。利用變異數的定義，兩三下就能證明出來。」

蒂蒂：「能、能夠再說得具體一點嗎？」

柴比雪夫不等式（$K = 2$ 的例子）

應試者共有 100 人，

$$|x - \mu| \geqq 2\sigma$$

得分 x 滿足上式的比例一定低於 25 人。

其中，μ 為平均數、σ 為標準差。

米爾迦：「假設人數 100 人，得分為 $x_2, x_2, \cdots, x_{100}$，先求平均數 μ 和變異數 σ^2 吧。」

蒂蒂：「嗯。」

米爾迦：「蒂蒂，你來算吧。」

蒂蒂：「我？……好，我就照著定義來算。」

平均數 μ

$$\mu = \frac{x_1 + x_2 + \cdots + x_{100}}{100}$$

變異數 σ^2

$$\sigma^2 = \frac{(x_1 - \mu)^2 + (x_2 - \mu)^2 + \cdots + (x_{100} - \mu)^2}{100}$$

米爾迦：「變異數 σ^2 可以拆解成這樣。」

變異數 σ^2（拆解）

$$\sigma^2 = \frac{(x_1 - \mu)^2}{100} + \frac{(x_2 - \mu)^2}{100} + \cdots + \frac{(x_{100} - \mu)^2}{100}$$

我：「這是改成相加的形式嘛。」

米爾迦：「不過，現在關心的是 $x = x_1, x_2, \cdots, x_{100}$ 中，

$$|x - \mu| \geqq 2\sigma \quad \cdots\cdots \text{（條件♡）}$$

得分 x 滿足上式，也就是得分偏離平均數 μ 有 2σ 以上的人。滿足這項條件♡的有多少人？」

我：「這該怎麼計算？」

蒂蒂：「我不知道……」

米爾迦：「假設滿足條件♡的有 m 人，則 $m \leq 100$。」

我：「當然啊。全部也就 100 人，滿足條件的人會小於 100。」

米爾迦：「為了方便計算，滿足條件♡的 m 人分配較小的號碼，像這樣排成一列：

$$\underbrace{x_1, x_2, \ldots, x_m,}_{\text{滿足條件♡}} \underbrace{x_{m+1}, \ldots, x_{100}}_{\text{不滿足條件♡}}$$

」

蒂蒂：「嗯……這後面會怎麼樣呢？」

米爾迦：「接著就是照著變異數的定義來計算。因為和的各項皆大於 0，所以如果去掉其中幾項，符號要改成 $\geq$。」

$$
\begin{aligned}
\sigma^2 &= \frac{(x_1 - \mu)^2}{100} + \cdots + \frac{(x_m - \mu)^2}{100} + \frac{(x_{m+1} - \mu)^2}{100} + \cdots + \frac{(x_{100} - \mu)^2}{100} \\
&\geq \frac{(x_1 - \mu)^2}{100} + \cdots + \frac{(x_m - \mu)^2}{100} \qquad \text{去掉不滿足條件♡的項目} \\
&= \frac{|x_1 - \mu|^2}{100} + \cdots + \frac{|x_m - \mu|^2}{100} \qquad \text{因為 } (x_k - \mu)^2 = |x_k - \mu|^2
\end{aligned}
$$

米爾迦：「不過在 $1 \leq k \leq m$ 時，由條件 ♡ 可知 $|x_k - \mu| \geq 2\sigma$，兩邊平方得 $|x_k - \mu|^2 \geq (2\sigma)^2$。所以……」

$$\sigma^2 \geqq \frac{|x_1 - \mu|^2}{100} + \cdots + \frac{|x_m - \mu|^2}{100} \qquad \text{由前式}$$

$$\geqq \underbrace{\frac{(2\sigma)^2}{100} + \cdots + \frac{(2\sigma)^2}{100}}_{m} \qquad \text{由條件}\heartsuit$$

$$= m \times \frac{(2\sigma)^2}{100} \qquad \text{因為同項有 m 個}$$

$$= \frac{4m\sigma^2}{100} \qquad \text{移除括號}$$

我：「喔喔！」

蒂蒂：「是這樣啊……」

米爾迦：「接著，再整理一下就行了。」

$$\sigma^2 \geqq \frac{4m\sigma^2}{100} \qquad \text{由上式}$$

$$100 \geqq 4m \qquad \text{兩邊同乘} \frac{100}{\sigma^2}$$

$$25 \geqq m \qquad \text{兩邊同除 4}$$

$$m \leqq 25 \qquad \text{兩邊移項}$$

蒂蒂：「人數小於 25 人耶……」

我：「去掉不滿足條件$\heartsuit$的項目來證明啊……」

米爾迦：「經過一般化，把總人數改為 n、2σ 改為 $K\sigma$，就變成柴比雪夫不等式。」

我：「嗯……原來如此……」

米爾迦：「如果是常態分布，滿足 $|x_k - \mu| \geqq 2\sigma$ 的人數會有約

4%。但是，即便完全不知道分布情況，只要知道平均數和標準差，滿足 $|x - \mu| \geq K\sigma$ 的人比例保證低於 $\frac{1}{K^2}$，一定如此。」

蒂蒂：「……」

米爾迦：「所以，知道標準差 σ 有很大的意義。除了平均數、期望值之外，計算『標準差 σ』也很重要。」

蒂蒂：「好像真的是這樣。光是 $\mu - 2\sigma$ 到 $\mu - 2\sigma$ 的範圍，就涵蓋 $\frac{3}{4}$ 的數據……」

我：「米爾迦，稍微等一下，這有些說不通。我知道柴比雪夫不等式，也知道標準差 σ 的重要性，當然也贊同計算『標準差 σ』——但計算標準差 σ，不就需要知道所有的數據資料嗎？既然能夠知道數值的分布，也就沒有必要使用柴比雪夫不等式來討論所佔的比例吧？」

米爾迦：「關於這點…要是知道所有數據資料，就像你說的一樣。但問題是，我們未必知道所有的數據資料。」

我：「咦？」

米爾迦：「處理現實社會的問題時，有時會因為**母群體**過大等理由，沒有辦法拿到全部的數據資料。此時，我們會從母群體**隨機抽樣**，也就是 random sampling。抽樣所得的數據

稱為**樣本**或**子樣本**。如果不知道『母群體的平均數、標準差』，就只能用手邊的樣本來計算。」

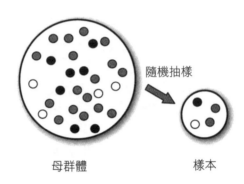

隨機抽樣

母群體　　　　　　　　樣本

蒂蒂：「意思是以樣本來代替嗎？」

米爾迦：「是的。但這還沒有結束，從手邊的樣本推測母群體的平均數、標準差等統計量，需要使用到統計上的**估計**。」

蒂蒂：「就是用手邊的武器解決看不見的敵人嘛！」

米爾迦：「在討論統計量的時候，需要特別留意。以平均數為例，必須確認討論的是『母群體的平均數』、『樣本的平均數』，還是『從樣本推測母群體的平均數』。」

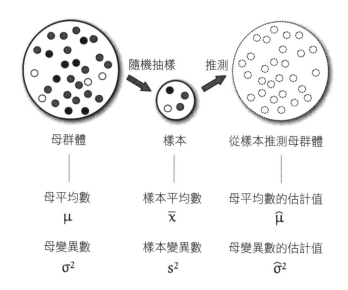

蒂蒂：「哇……這些都是不同的東西！」

米爾迦：「我們現在是從記述數據的**敘述統計**，轉換視點到推測統計量的**推論統計**。」

我：「原來如此。」

米爾迦：「即便是測驗的得分，也未必能夠得到全部的數據資料。當然，測驗的實施者知道所有的數值，但不一定全部對外公開。這時，就會不知道分布情況。」

我：「原來如此……有時只能拿到標準差嗎…」

米爾迦：「有時能夠拿到各應試者的標準化分數。」

蒂蒂：「標準化分數……啊，對喔。如果是標準化分數，就知道標準差為 10！」

我：「等一下。因為標準化分數 $\mu = 50$、$\sigma = 10$，所以 $\mu - 2\sigma \sim \mu + 2\sigma$ 的範圍相當於標準化分數的 30～70 分。這個範圍必定落在 75%——這一點都讓人高興不起來。」

米爾迦：「柴比雪夫不等式的優勢在於不受分布影響。我並沒有要為它辯護，但我們還可以加入**弱大數法則**。」

蒂蒂：「弱大數法則？」

米爾迦：「『機率是 p』是什麼意思？針對這個問題，標準差提供了一種答案。」

5.7 弱大數法則

我：「『機率是 p』是什麼意思……？」

蒂蒂：「機率是 $\dfrac{1}{2}$，就是 2 次會有 1 次出現正面……嗎？」

我：「這樣說不太正確。『2 次會有 1 次出現正面』，但也有連續 2 次都出現正面的情形。」

蒂蒂：「啊，對喔。2 次會出現 1 次，是平均下來的情況嘛。」

米爾迦：「想要準確議論這個問題，需要使用**相對次數**的概念。在『投擲硬幣 n 次』的試驗，假設隨機變數 X 為『正面出現次數』。此時，定義表示『相對次數』的另一隨機變數 Y 為：」

$$Y = \frac{X}{n}$$

我：「Y 是 n 次中『正面出現的比例』。」

蒂蒂：「嗯……然後呢」？」

米爾迦：「接下來就討論這道問題吧。」

問題 1（相對次數）

投擲正面出現機率為 p 的硬幣 n 次。

假設隨機變數 X 為投擲 n 次的正面出現次數，定義表示相對次數的隨機變數 Y 為：

$$Y = \frac{X}{n}$$

試求 Y 的平均數 $E[Y]$ 與變異數 $V[Y]$。

其中，$E[X] = np$、$V[X] = np(1 - p)$。

蒂蒂：「$V[X]$ 的 "V" 是……？」

米爾迦：「$V[X]$ 的 "V" 是『變異數』—— "$\underline{V}$ariance" 的字首。」

蒂蒂馬上寫進筆記本。

米爾迦：「隨機變數 Y 表示正面出現的相對次數。譬如 $n = 100$，對於『投擲 100 次出現 3 次正面』的事件，可說 $X = 3$ 及 $Y = \dfrac{3}{100}$。」

我：「利用『期望值的線性性質』，馬上就能求出 $E[Y]$。」

$$
\begin{aligned}
\mathrm{E}[Y] &= \mathrm{E}\left[\frac{X}{n}\right] && \text{由 } Y = \tfrac{X}{n}\\
&= \frac{\mathrm{E}[X]}{n} && \text{根據期望值的線性性質，將常數 } \tfrac{1}{n} \text{ 提到外面。}\\
&= \frac{np}{n} && \text{由 } \mathrm{E}[X] = np\\
&= p
\end{aligned}
$$

我：「所以，$E[Y] = p$！……這可用直覺來了解。因為是執行『投擲機率 p 的硬幣 n 次』的實驗，『正面出現的比例』平均下來當然會等於機率 p。」

米爾迦：「標準差會更有趣喔。」

我：「標準差……要先求變異數，已經知道 $V[Y] = V[\dfrac{x}{n}]$。」

蒂蒂：「由變異數的定義來看，要計算總和（Σ）……」

我：「沒錯。」

米爾迦:「是這樣嗎?」

我:「……咦?」

米爾迦:「變異數也是一種期望值喔。」

我:「對喔……變異數是『偏差平方』的期望值!」

蒂蒂:「?」

我:「只要將變異數的定義看成是期望值,就能用期望值的線性性質,省去麻煩的計算!」

$$V[Y] = E\left[(Y - E[Y])^2\right] \qquad \text{變異數的定義}$$

$$= E\left[\left(\frac{X}{n} - E\left[\frac{X}{n}\right]\right)^2\right] \qquad \text{由 } Y = \frac{X}{n}$$

$$= E\left[\left(\frac{X}{n} - \frac{E[X]}{n}\right)^2\right] \qquad \text{期望值的線性性質}$$

$$= E\left[\frac{(X - E[X])^2}{n^2}\right] \qquad \text{以 } n^2 \text{ 來整理}$$

$$= \frac{E\left[(X - E[X])^2\right]}{n^2} \qquad \text{期望值的線性性質}$$

$$= \frac{V[X]}{n^2} \qquad \text{變異數的定義}$$

我:「所以,答案會是這樣!」

解答 1（相對次數）

投擲正面出現機率為 p 的硬幣 n 次。

假設隨機變數 X 為投擲 n 次的正面出現次數，定義新的隨機變數 Y 為：

$$Y = \frac{X}{n}$$

此時，Y 的平均 $E[Y]$ 與變異數 $V[Y]$ 如下：

$$\begin{cases} E[Y] = \dfrac{E[X]}{n} = \dfrac{np}{n} = p \\ V[Y] = \dfrac{V[X]}{n^2} = \dfrac{np(1-p)}{n^2} = \dfrac{p(1-p)}{n} \end{cases}$$

我：「期望值的線性性值真厲害！這樣就能以相對次數的期望值 p，推得變異數 $\frac{p(1-p)}{n}$，開根號後得標準差 $\sqrt{\frac{p(1-p)}{n}}$。嗯，太棒了。」

蒂蒂：「可、可是……這又代表什麼？」

我：「蒂蒂還是不懂？」

蒂蒂：「不是，我懂相對次數的標準差為 $\sqrt{\frac{p(1-p)}{n}}$……但為什麼米爾迦學姊會說這道問題有趣？」

米爾迦：「嗯…我們再看一次式子吧。」

$$\begin{cases} E[Y] = p \\ V[Y] = \dfrac{p(1-p)}{n} \\ \sqrt{V[Y]} = \sqrt{\dfrac{p(1-p)}{n}} \end{cases}$$

米爾迦：「因為 $E[Y] = p$，所以相對次數的期望值會是 p。這感覺像是直接由『機率為 p』推得『相對次數的期望值為 p』後，再經過計算確認。」

我：「是啊。」

米爾迦：「相對次數的標準差是 $\sqrt{\dfrac{p(1-p)}{n}}$。這邊要看分母的 n，如果 n 非常大會如何呢？」

蒂蒂：「標準差會變得非常小……」

米爾迦：「標準差會趨近 0。」

我：「原來如此！因為標準差是 $\sqrt{\dfrac{p(1-p)}{n}}$，分母愈大，標準差愈趨近 0……只要 n 足夠大，標準差甚至可以無限趨近 0！」

米爾迦：「沒錯。標準差愈趨近 0，Y 的值愈多聚集在期望值 $E[Y]$ 附近。隨機變數 Y 是相對次數，也就是投擲 n 次正面出現的比例。n 愈大，大部分的相對次數就愈易聚集到期望值 p 附近。這就是柴比雪夫不等式的意義。」

我：「這該不會是非常基本的觀念吧？」

米爾迦：「沒錯。這稱為**弱大數法則**（weak law of large numbers）。這個則能重新確認我們對『機率為 p』的直覺猜測。」

我：「嗯……」

我稍微深思這個結論。

我：「米爾迦，這個主張若不經過深入了解，容易產生誤解吧。這是比『投擲正面出現機率 p 的硬幣 n 次，平均下來正面出現的比例為 p』更強力的主張。」

米爾迦：「當然。」

蒂蒂：「等一下。這是什麼意思？能再說一次嗎……」

我：「蒂蒂，『投擲正面出現機率為 p 的硬幣 n 次，平均下來正面出現的比例為 p』，是從期望值 $E[Y] = p$ 得到的結論。」

蒂蒂：「嗯……是這樣沒錯。」

我：「但是，我們前面是在求相對次數的標準差。這就像以數學的方式證明更強力的主張：『投擲正面出現機率為 p 的硬幣 n 次，平均下來正面出現的比例為 p，如果 n 足夠大，則正面出現的比例會集中於 p 的附近』。」

蒂蒂：「……」

我：「因為『平均下來正面出現的比例為 p』的說法，不就相當於出現大量的正反面，平均下來正面出現的比例會是 p

嗎？但是，如果 n 足夠大，就能無限縮小這樣的可能性，因為標準差 $\sqrt{\dfrac{p(1-p)}{n}}$ 的分母是 n。」

米爾迦：「這也是標準差厲害強大的地方，真的很有趣。」

蒂蒂：「啊，我再稍微仔細想一下……」

5.8 重要的 S

米爾迦：「大多數人都知道平均數，但卻少有人理解標準差。平均數、變異數、標準差、假設檢定……等，這些計算都可交由電腦代勞，但如果沒有理解執行計算的前提條件、演算結果，那就失去它的意義了。」

我：「說的也是。」

蒂蒂：「標準差的 σ 也是『**重要的 S**』嘛。」

我：「重要的 S，什麼意思？」

蒂蒂：「計算總和的希臘字母 Σ 相當於大寫 "S"；計算積分的符號 $\int$ 像是拉長 "S" 的嘛。」

米爾迦：「是嗎？」

蒂蒂：「然後，標準差的希臘字母 σ 相當於小寫 "s"。數學上有很多 S 活躍著！」

米爾迦：「也是，的確是這樣。」

　・總和的 Σ

　・積分的 ∫

　・標準差的 σ

蒂蒂：「我想要多跟標準差的 σ 交『朋友』！」

瑞谷老師：「放學時間到了。」

圖書管理員瑞谷老師的提醒，結束了我們的數學對話。

• • •

標準差這樣一個概念的背後，

到底隱藏多少秘密呢？

光由 σ 這樣一個文字，

到底能夠譜出多麼浩瀚的世界呢？

我們的興趣永無止境。

「正反面必定交互出現的硬幣，能說是公正嗎？」

第 5 章的問題

●問題 5-1（計算期望值）

在投擲公正骰子 10 次的實驗，假設隨機變數 X 為出現的點數和，試求 X 的期望值 $E[X]$。

（答案在 p. 278）

●問題 5-2（二項分布）

下圖為投擲公正硬幣 10 次正面出現次數的機率分布，亦即
二項分布 $B(10, \frac{1}{2})$ 的圖形：

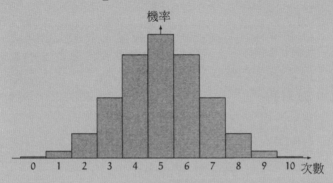

投擲公正硬幣 10 次
正面出現次數的機率分布
二項分布 $B(10, \frac{1}{2})$

試作投擲公正硬幣 5 次正面出現次數的機率分布，亦即二
項分布 $B(5, \frac{1}{2})$ 的圖形。

（答案在 p. 279）

●問題 5-3（錯誤率（顯著水準））

在第 5 章，對於蒂蒂詢問錯誤率（顯著水準），米爾迦回應：「這是假設發生錯誤的機率」（p. 209）。試問若錯誤率愈高，什麼錯誤發生的可能性愈高？

（答案在 p. 281）

●問題 5-4（假設檢定）

根據 p. 208 的假設檢定，某人提出虛無假設『硬幣是公正的』，投擲硬幣 10 次的結果：

正反正正反反反正正正

於是，他提出下述主張：

> **主張**
>
> 在投擲硬幣 10 次出現機率皆相同的 1024 種情形中，「正反正正反反反正正正」僅有 1 種。所以，該情形的出現機率為 $\dfrac{1}{1024}$。因此，在錯誤率 1%下，拒絕虛無假設『硬幣是公正的』。

試問該主張正確嗎？

（答案在 p. 282）

附錄：二項分布的期望值、變異數、標準差*

二項分布的期望值

投擲正面出現機率為 p、反面出現機率為 q 的某硬幣 $(p + q = 1)$，每次的投擲硬幣為獨立事件，假設隨機變數 X 為投擲硬幣 n 次的正面出現次數，X 呈現二項分布 $B(n, p)$。隨機變數 X 的期望值 $E[X]$ 為：

$$E[X] = \sum_{k=0}^{n} k \cdot Pr(X = k)$$

明確寫出機率 $P(X = k)$：

$$E[X] = \sum_{k=0}^{n} k \cdot \underbrace{\binom{n}{k} p^k q^{n-k}}_{Pr(X=k)}$$

右式近似二項式定理，以二項式定理表示 $E[X]$。由二項式定理，可知下述 x 與 y 的恆等式成立：

$$\sum_{k=0}^{n} \binom{n}{k} x^k y^{n-k} = (x + y)^n$$

為了得到近似期望值的式子，二項式定理的兩邊同對 x 微分，得到下頁 x 與 y 的恆等式。

---

*參考小針晛宏《機率統計入門》。

$$\sum_{k=0}^{n} \binom{n}{k} k \cdot x^{k-1} y^{n-k} = n(x+y)^{n-1}$$

兩邊同乘 x 整理：

$$\sum_{k=0}^{n} k \cdot \binom{n}{k} x^k y^{n-k} = nx(x+y)^{n-1}$$

因為這是 x 與 y 的恆等式，所以將 p 代入 x、q 代入 y 式子同樣成立：

$$\sum_{k=0}^{n} k \cdot \binom{n}{k} p^k q^{n-k} = np(p+q)^{n-1}$$

代入 $p+q=1$，得：

$$\sum_{k=0}^{n} k \cdot \binom{n}{k} p^k q^{n-k} = np \quad \cdots\cdots \diamondsuit$$

由此推得 $E[X]$：

$$
\begin{aligned}
E[X] &= \sum_{k=0}^{n} k \cdot \Pr(X=k) && \text{由期望值的定義} \\
&= \sum_{k=0}^{n} k \cdot \binom{n}{k} p^k q^{n-k} \\
&= np && \text{由}\diamondsuit
\end{aligned}
$$

也就是：

$$E[X] = np$$

二項分布的變異數與標準差

如同前面的做法，二項式定理的兩邊同對 x 微分再乘以 x：

$$\sum_{k=0}^{n} k \cdot \binom{n}{k} x^k y^{n-k} = nx(x+y)^{n-1}$$

兩邊再對 x 微分一次：

$$\sum_{k=0}^{n} k^2 \cdot \binom{n}{k} x^{k-1} y^{n-k} = n(x+y)^{n-1} + n(n-1)x(x+y)^{n-2}$$

兩邊同乘 x：

$$\sum_{k=0}^{n} k^2 \cdot \binom{n}{k} x^k y^{n-k} = nx(x+y)^{n-1} + n(n-1)x^2(x+y)^{n-2}$$

將 p 代入 x、q 代入 y：

$$\sum_{k=0}^{n} k^2 \cdot \binom{n}{k} p^k q^{n-k} = np(p+q)^{n-1} + n(n-1)p^2(p+q)^{n-2}$$

代入 $p + q = 1$：

$$\sum_{k=0}^{n} k^2 \cdot \underbrace{\binom{n}{k} p^k q^{n-k}}_{Pr(X=k)} = np + n(n-1)p^2$$

左式為 k^2 乘上機率 $Pr(X = k)$ 的總和，等於 X^2 的期望值。因此，下式成立：

$$\mathsf{E}\left[X^2\right] = np + n(n-1)p^2 \cdots\cdots\cdots\cdots \clubsuit$$

這邊套用《變異數》=《平方的期望值》-《期望值的平方》求 $V[X]$，也就是：

$$V[X] = E[X^2] - E[X]^2 \cdots\cdots\cdots\cdots \heartsuit$$

$$
\begin{aligned}
V[X] &= E[X^2] - E[X]^2 & \text{由 } \heartsuit \\
&= E[X^2] - (np)^2 & \text{由 } E[X] = np \\
&= np + n(n-1)p^2 - (np)^2 & \text{由 } \clubsuit \\
&= np + n(n-1)p^2 - n^2p^2 & \text{拿掉括號} \\
&= np - np^2 & \text{展開整理} \\
&= np(1-p) & \text{提出 } np
\end{aligned}
$$

因此，標準差 σ 為：

$$
\begin{aligned}
\sigma &= \sqrt{V[X]} \\
&= \sqrt{np(1-p)}
\end{aligned}
$$

以上為二項式分布 $B(n,p)$ 的期望值、變異數，進而求得標準差：

$$
\begin{cases}
\text{期望值} = np \\
\text{變異數} = np(1-p) \\
\text{標準差} = \sqrt{np(1-p)}
\end{cases}
$$

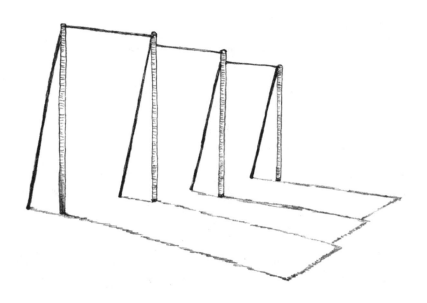

尾聲

　　某日，某時，在數學資料室。

少女：「哇！有好多資料耶！」

老師：「是啊。」

少女：「老師，這是什麼？」

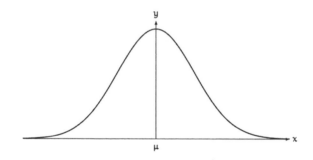

老師：「這是常態分布的機率密度函數圖。將機率密度函數在
　　　$a \leqq x \leqq b$ 間積分後，可得到機率 $Pr(a \leqq x \leqq b)$，面積即為機
　　　率。」

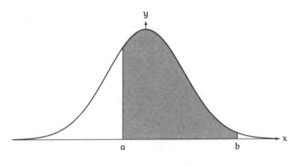

機率 $\Pr(a \leqq x \leqq b)$

少女：「常態分布的機率密度函數⋯⋯」

老師：「常態分布 $N(\mu, \sigma^2)$ 的機率密度函數，可以具體寫成這樣的數學式子喔。」

常態分布 $N(\mu, \sigma^2)$ 的機率密度函數

$$\frac{1}{\sqrt{2\pi}\,\sigma} \exp\left(-\frac{(x-\mu)^2}{2\sigma^2}\right)$$

少女：「exp？」

老師：「$\exp(\heartsuit)$ 是指 $e^{\heartsuit}$。」

少女：「真是複雜的數學式子！」

老師：「平均數 μ 在哪裡呢？」

少女：「老師，平均數在這裡！」

平均數 μ

$$\frac{1}{\sqrt{2\pi}\,\sigma} \exp\left(-\frac{(x-\mu)^2}{2\sigma^2}\right)$$

老師：從這個數學式子可以看出，這是以 $x=\mu$ 為對稱軸的左右
對稱圖形。」

少女：「因為 x 只出現在 $(x-\mu)^2$ 裡面嗎？」

老師：「是啊。這個數學式子，沒有偏差正負不同的問題。」

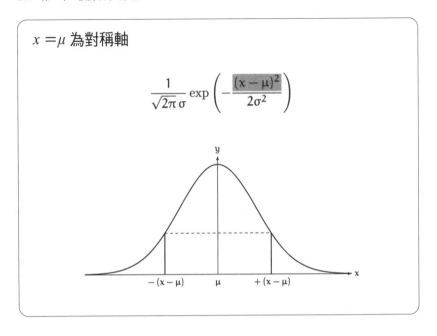

老師：「仔細觀察數學式子，由 $x \to \infty$ 和 $x \to -\infty$ 可知 x 軸為漸近線。」

少女：「因為『指數部分』$\to -\infty$ 嗎？」

老師：「是啊。」

由 $x \to \infty$ 和 $x \to -\infty$ 可知 x 軸為漸近線

$$\frac{1}{\sqrt{2\pi}\,\sigma} \underbrace{\exp\left(\overbrace{-\frac{(x-\mu)^2}{2\sigma^2}}^{\to -\infty}\right)}_{\to 0}$$

少女：「標準差在這裡和這裡。」

標準差 σ

$$\frac{1}{\sqrt{2\pi}\,\boxed{\sigma}} \exp\left(-\frac{(x-\mu)^2}{2\boxed{\sigma}^2}\right)$$

老師：「是啊。」

少女：「如果平均數 μ 是 0、標準差 σ 是 1，就能簡化數學式子了。」

老師：「沒錯。常態分布 $N(0, 1^2)$ 是標準常態分布。」

標準常態分布 $N(0, 1^2)$ 的機率密度函數

$$\frac{1}{\sqrt{2\pi}} \exp\left(-\frac{x^2}{2}\right)$$

少女：「係數的 $\sqrt{2\pi}$ 不能消掉嗎？」

老師：「這是從 $-\infty$ 到 ∞ 積分成 1 的係數，所以消不掉喔。可能發生的事件機率和會是 1。」

$$\int_{-\infty}^{\infty} \frac{1}{\sqrt{2\pi}} \exp\left(-\frac{x^2}{2}\right) dx = 1$$

老師：「從圖形上可知，微分相當於在 $x = \mu$ 找極大值。圖中該點剛好也是最大值。我們可以用微分『捕捉變化』喔。」

少女：「老師，如果做二階微分的話呢？」

老師：「嗯？」

少女：「在 $\mu \pm \sigma$ 的變化會像是『上凸』和『下凸』。」

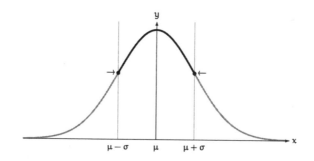

老師：「啊，真的呢。$x = \mu \pm \sigma$ 是反曲點。」

少女：「二階微分能『捕捉變化的變化』嘛！」

　少女說完，呵呵地笑開了。

【解答】

A　N　S　W　E　R　S

第 1 章的解答

●問題 1-1（閱讀長條圖）

某人欲比較產品 A 與產品 B 的性能，繪製下面的長條圖。

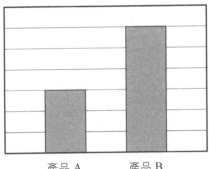

產品 A 與產品 B 的性能比較

由此長條圖，可說「產品 B 的性能優於產品 A」嗎？

■解答 1-1

因為長條圖的縱軸沒有任何標示、刻度，所以不能說直方條較長的產品 B 性能比較優異。

補充

　　下面將舉例說明為何直方條愈長，不代表性能愈優異。

　　比較兩種電腦程式（產品 A 和產品 B）的處理速度。

　　長條圖①為測定某運算的處理時間，產品A花費 15 秒結束運算；產品 B 花費 30 秒結束運算。在這個例子，產品 B 的直方條比較長，但這表示花費較多時間，而不是「性能優異」。

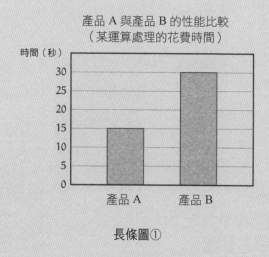

長條圖①

　　下頁的長條圖②為測定在限制時間內能執行多少運算問題，產品 A 能執行 1500 個問題；產品 B 能夠執行 3000 個問題。在這個例子，產品 B 能夠執行較多的問題，所以可說「性能優異」。

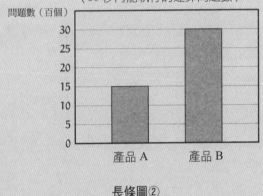

產品 A 與產品 B 的性能比較
（60 秒內能執行的運算問題數）

長條圖②

　　長條圖①和長條圖②除了縱軸軸與刻度之外，形狀皆相同，但意義卻截然不同。因此，若未確認縱橫軸與刻度，便無法解釋圖表。

　　另外，在長條圖中，『代表的數值』與『直方條長度』成正比，需要注意下述幾點：

①直方條的刻度從 0 開始。
②直方條的中間不可省略。

●問題 1-2（解讀折線圖）

下圖為某年 4 月至 6 月期間，餐廳 A 與餐廳 B 單月來客數的折線圖。

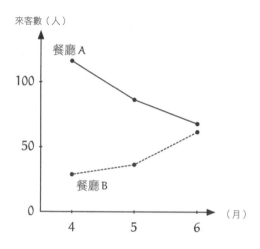

①由此折線圖，可說「餐廳 A 比餐廳 B 賺更多錢」嗎？

②由此折線圖，可說「餐廳 B 在該期間的單月來客數增加」嗎？

③由此折線圖，可說「餐廳 B 的 7 月來客數將多於餐廳 A」嗎？

■解答 1-2

①不可以。此折線圖表示的是「來客數」，而不是「賺錢金額」。餐廳 A 的折線在餐廳 B 之上，可說「餐廳 A 來客數比較多」，但不表示「餐廳 A 比較賺錢」。當然，這也不能表示「餐廳 B 比較賺錢」。我們可推測「來客人數比較多，賺錢金額可能比較高」，但真正的情況無法單就這張圖來判斷。

②可以。在該期間，餐廳 B 的折線往右上攀升，表示單月來客數不斷增加。

③不可以。此折線圖表示的是「某年 4 月至 6 月期間的單月來客數」。若餐廳 A 與餐廳 B 的來客數沿著該趨勢變化，可推測「餐廳 B 的 7 月來客數將多於餐廳 A」，但並非實際情況。

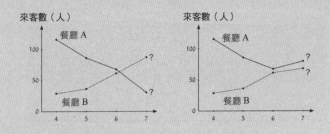

7 月的實際情況未知

●問題 1-3（識破詭計）

某人以下面「消費者年齡層」的圓餅圖，主張「該商品的熱銷年齡層在 10 歲～20 歲」。請對此提出反論。

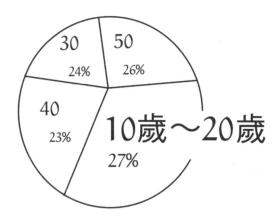

消費者年齡層

■解答 1-3

下面為反論的要點：

- 因為只有「10 歲～20 歲」是數個年齡層加總，所以看起來比其他年齡層多。
- 因為只有「10 歲～20 歲」年齡層的文字較大，所以才看起來比其他年齡層多。
- 因為圓餅圖的中心偏轉，所以只有「10 歲～20 歲」年齡層看起來比較多。

- 未清楚標示單一消費者購買複數商品的可能性。「10歲～20歲」的消費者可能只購買單項商品,「40歲」的消費者也可能購買多項商品。
- 雖然整體總和為 100%,但未包含 60 歲以上的消費者。

補充

讀者或許會認為:「不會有人畫出這麼扯的圓餅圖。」但這個問題就是受電視廣告實際播出的圓餅圖啟發所繪製成的。

第 2 章的解答

●問題 2-1（代表值）

10 人應考滿分 10 分的測驗，分數如下表所示。

測驗編號	1	2	3	4	5	6	7	8	9	10
分數	5	7	5	4	3	10	6	6	5	7

試求分數的最大值、最小值、平均數、眾數、中位數。

■解答 2-1

最大值為最大的分數，所以是 10 分。

最小值為最小的分數，所以是 3 分。

平均數為所有分數的總和除以人數：

$$\frac{5+7+5+4+3+10+6+6+5+7}{10} = \frac{58}{10} = 5.8$$

所以平均數是 5.8 分。

眾數為人數最多的分數，所以是 5 分。

中位數為分數由小排至大的正中間分數。因為人數為偶數（10人），所以取中間 2 人的平均數作為中位數（參見p.61）。

測驗編號	5	4	1	3	9	7	8	2	10	6
分數	3	4	5	5	5	6	6	7	7	10

分數由小排至大的表格

中間 2 人的平均數是 $\frac{5+6}{2} = 5.5$，所以中位數是 5.5 分。

答：最大值 10 分、最小值 3 分、平均數 5.8 分、
　　眾數 5 分、中位數 5.5 分

●問題 2-2（代表值的結論）

試指正下述結論的偏誤。

①測驗的學年平均數 62 分，所以拿到 62 分的人最多。

②測驗的學年最高分 98 分，所以只有一人拿到 98 分。

③測驗的學年平均數 62 分，所以成績高於 62 分和低於 62 分的人數相同。

④告知學生：「這次期末考，所有學生的分數都必需高於學年平均。」

■解答 2-2

①雖說平均數 62 分，拿到 62 分的人未必最多。只有當中位
　數 62 分，才能說拿到 62 分的人最多。

②學年最高分 98 分，未必只有 1 人拿到該分數。拿到 98 分
　同分的人或許有 2 人，應該說拿到 98 分的人至少有 1 人。

③雖說平均數 62 分，成績高於和低於 62 分的人數未必相同。
　若中位數 62 分，兩邊的人數就有可能相同*。

④所有學生的分數不可能都高於學年平均。例如學生共有 n
　人、得分為 $x_1, x_2, \cdots, x_n$、學年平均為 m，則下式成立：

$$\frac{x_1 + \cdots + x_n}{n} = m \qquad (\heartsuit)$$

　　若所有學生的分數都高於學年平均，則 $k = 1, \cdots, n$ 皆滿
足：

$$x_k > m$$

　　推得：

$$x_1 + \cdots + x_n > \underbrace{m + \cdots + m}_{n \text{ 個}} = nm$$

　　所以：

---

*若有兩人以上同樣拿到中位數，則兩邊人數可能不同。

$$\frac{x_1 + \cdots + x_n}{n} > m$$

然而，這與（♡）矛盾，因此所有學生的分數不可能都高過學年平均。

●問題 2-3（數值的追加）

某次測驗，100 位學生的平均分數是 m_0，算完後才發現漏掉了第 101 位學生的分數 x_{101}。為了避免全部從頭來過，將已知的平均分數 m_0 和第 101 位學生的分數 x_{101}，代入下式求新的平均分數：

$$m_1 = \frac{m_0 + x_{101}}{2}$$

試問此計算正確嗎？

■解答 2-3

不正確。由此該式求得的 m_1，是分數 x_{101} 比其他學生的分數加權 100 倍所求得的平均數。正確的平均數 m 應為：

$$m = \frac{100m_0 + x_{101}}{101}$$

答：不正確

第 3 章的解答

●問題 3-1（變異數）

假設某數據有 n 個數值（$x_1, x_2, \cdots, x_n$），試述該數據在何種情況下，變異數為 0？

■解答 3-1

假設數據的平均數為 μ。由定義可知，變異數為 0 可列為：

$$\frac{(x_1 - \mu)^2 + (x_2 - \mu)^2 + \cdots + (x_n - \mu)^2}{n} = 0$$

此式子僅成立於：

$$x_1 - \mu = 0$$
$$x_2 - \mu = 0$$
$$\vdots$$
$$x_n - \mu = 0$$

因此，變異數為 0 是在：

$$x_1 = x_2 = \cdots = x_n = \mu$$

也就是所有數值相等的情況（而且，所以數值都等於平均數）。

答：當所有數值皆相等時，數據的變異數為 0。

●問題 3-2（標準化分數）

關於標準化分數，試回答下述①～④。

①當分數高於平均分數時，可說自己的標準化分數大於 50 嗎？

②標準化分數可能超過 100 嗎？

③由整體的平均分數與自己的分數，可計算自己的標準化分數嗎？

④兩位學生的分數差 3 分，則標準化分數也會差 3 分？

■解答 3-2

這邊不能用直覺臆測，而要從標準化分數的定義來思考，先確認標準化分數的定義。假設分數為 x、平均分數為 μ、標準差分數為 y，則：

$$y = 50 + 10 \times \frac{x - \mu}{\sigma}$$

①當分數高於平均分數時，可說自己的標準化分數大於 50 嗎？

當分數高於平均分數時，$x > \mu$ 成立：

$$x - \mu > 0$$

由有學生的分數高於平均分數，可知（參見解說）。因此：

$$\sigma > 0$$

$$50 + 10 \times \underbrace{\frac{x - \mu}{\sigma}}_{>0} > 50$$

標準化分數會大於 50。故當分數高於平均分數時，可說標準化分數大於 50。

答：當分數高於平均分數時，標準化分數會大於 50。

解說

一般來說，標準差 $\sigma \geqq 0$ 成立，$\sigma = 0$ 僅成立於數據中所有數值皆相等（參見解答 3-1）。因此，若有學生的分數高於平均分數，可說 $\sigma > 0$。

②標準化分數可能超過 100 嗎？

設想極端的情況：100 位應試者只有 1 人拿到 100 分，剩餘 99 人皆拿到 0 分。此時，平均數 μ 與變異數 V 的計算如下：

$$\mu = \frac{\overbrace{0+0+\cdots+0}^{99}+100}{100}$$
$$= \frac{100}{100}$$
$$= 1$$

$$V = \frac{\overbrace{(0-\mu)^2+(0-\mu)^2+\cdots+(0-\mu)^2}^{99}+(100-\mu)^2}{100}$$
$$= \frac{\overbrace{(0-1)^2+(0-1)^2+\cdots+(0-1)^2}^{99}+(100-1)^2}{100}$$
$$= \frac{99+99^2}{100}$$
$$= 99$$

因此，標準差 σ 的大小為：

$$\sigma = \sqrt{V} = \sqrt{99} < \sqrt{100} = 10$$

推得：

$$\sigma < 10 \qquad \text{也就是} \qquad \frac{1}{\sigma} > \frac{1}{10}$$

代入拿到 100 分的標準化分數 y：

$$y = 50 + 10 \times \frac{100 - \mu}{\sigma}$$

$$= 50 + 10 \times \frac{100 - 1}{\sigma} \qquad 由 \, \mu = 1$$

$$> 50 + 10 \times \frac{99}{10} \qquad 由 \, \frac{1}{\sigma} > \frac{1}{10}$$

$$= 149$$

也就是：

$$y > 149$$

可知標準化分數高於 100。

<u>答：②標準化分數可高於 100。</u>

解說

一般來說，標準化分數高於 100，是在分數 x 高過平均分數 5σ，也就是 x 大到滿足：

$$x - \mu > 5\sigma$$

此時，下式成立：

$$50 + 10 \times \underbrace{\frac{x - \mu}{\sigma}}_{>5} > 100$$

同理，當 x 滿足 $x - \mu < -5\sigma$ 時，標準化分數會低於 0，標準化分數也可能為負數。

③由整體的平均分數與自己的分數，可計算自己的標準化分
數嗎？

根據定義，自己的標準化分數為：

$$50 + 10 \times \frac{x - \mu}{\sigma}$$

雖然知道整體的平均分數 μ 與自己的分數 x，但不曉得整體
的標準差 σ，所以沒辦法計算自己的標準化分數。

答：③僅知道整體的平均分數與自己的分數，
無法計算自己的標準化分數。

④兩位學生的分數差 3 分，則標準化分數也會差 3 分？

假設兩人差 3 分的分數為 x 及 $x + 3$，利用標準化分數的定
義計算其差值：

$$\left(50 + 10 \times \frac{(x + 3) - \mu}{\sigma} \right) - \left(50 + 10 \times \frac{x - \mu}{\sigma} \right)$$
$$= 10 \times \left(\frac{(x + 3) - \mu}{\sigma} - \frac{x - \mu}{\sigma} \right)$$
$$= 10 \times \frac{3}{\sigma}$$

所以，兩位學生的分數差 3 分時，標準化分數未必差 3 分，
僅在標準差 $\sigma = 10$ 時，其差值為 3 分。

答：④雖然分數差 3 分，但標準化分數未必差 3 分。

●問題 3-3（意外程度）

前面提到，即便平均數相同，變異數的不同會影響 100 分的『厲害程度』（p.114）。在下面的測驗結果 A 與 B 中，10 人應考成績的平均數皆為 50 分。試求 100 分在測驗結果 A 與 B 的標準化分數。

應考編號	1	2	3	4	5	6	7	8	9	10
分數	0	0	0	0	0	100	100	100	100	100

測驗結果 A

應考編號	1	2	3	4	5	6	7	8	9	10
分數	0	30	35	50	50	50	50	65	70	100

測驗結果 B

■解答 3-3

由表格可知，測驗結果 A 的變異數看起來比較大，雖然同為 100 分，但可推測測驗結果 A 的標準化分數比較低。然而，實際求取標準化分數時，需要遵循定義計算：

測驗結果 A

假設平均數為 μ_A、變異數為 V_A、標準差為 σ_A：

$$\mu_A = \frac{0+0+0+0+0+100+100+100+100+100}{10}$$
$$= 50$$

$$V_A = \frac{\overbrace{(0-\mu_A)^2 + \cdots + (0-\mu_A)^2}^{5} + \overbrace{(100-\mu_A)^2 + \cdots + (100-\mu_A)^2}^{5}}{10}$$

$$= \frac{\overbrace{(0-50)^2 + \cdots + (0-50)^2}^{5} + \overbrace{(100-50)^2 + \cdots + (100-50)^2}^{5}}{10}$$

$$= 2500$$

$$\sigma_A = \sqrt{V_A}$$
$$= \sqrt{2500}$$
$$= 50$$

代入上述各值，計算 100 分的標準化分數：

$$50 + 10 \times \frac{100 - \mu_A}{\sigma_A} = 50 + 10 \times \frac{100 - 50}{50}$$
$$= 60$$

因此，100 分在測驗結果 A 的標準化分數為 60。

測驗結果 B

假設平均數為 μ_B、變異數為 V_B、標準差為 σ_B：

$$\mu_B = \frac{0 + 30 + 35 + 50 + 50 + 50 + 50 + 65 + 70 + 100}{10}$$

$$= 50$$

$$V_B = \frac{1}{10}\left((0 - \mu_B)^2 + (30 - \mu_B)^2 + (35 - \mu_B)^2 + (50 - \mu_B)^2 + (50 - \mu_B)^2\right.$$

$$\left. +(50 - \mu_B)^2 + (50 - \mu_B)^2 + (65 - \mu_B)^2 + (70 - \mu_B)^2 + (100 - \mu_B)^2\right)$$

$$= \frac{1}{10}\left((0 - 50)^2 + (30 - 50)^2 + (35 - 50)^2 + (50 - 50)^2 + (50 - 50)^2\right.$$

$$\left. +(50 - 50)^2 + (50 - 50)^2 + (65 - 50)^2 + (70 - 50)^2 + (100 - 50)^2\right)$$

$$= 625$$

$$\sigma_B = \sqrt{V_B}$$

$$= \sqrt{625}$$

$$= 25$$

代入上述各值，計算 100 分的標準化分數：

$$50 + 10 \times \frac{100 - \mu_B}{\sigma_B} = 50 + 10 \times \frac{100 - 50}{25}$$

$$= 70$$

因此，100 分在測驗結果 B 的標準化分數為 70。

答：100 分在測驗結果 A 的標準化分數為 60；
　　100 分在測驗結果 B 的標準化分數為 70。

●問題 3-4（常態分布與《34、14、2》）

前面提到，常態分布圖以標準差 σ 劃分後，會大致呈現
34%、14%、2% 的比例（p.138）。

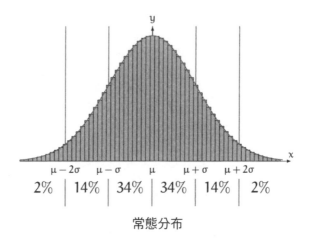

| 2% | 14% | 34% | 34% | 14% | 2% |

常態分布

假設數據的分布近似常態分布，試求滿足下列各不等式
的數值，其個數約佔整體的多少比例。其中，平均數為
μ、標準差為 σ：

① $\mu - \sigma < x < \mu + \sigma$
② $\mu - 2\sigma < x < \mu + 2\sigma$
③ $x < \mu + \sigma$
④ $\mu + 2\sigma < x$

■解答 3-4

上述不等式都可用 34%, 14%, 2% 來計算。

①由 $34 + 34 = 68$，可知 $\mu - \sigma < x < \mu + \sigma$ 約佔 68%。

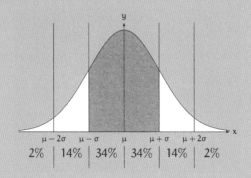

②由 $14 + 34 + 34 + 14 = 96$，可知 $\mu - 2\sigma < x < \mu + 2\sigma$ 約佔 96%。

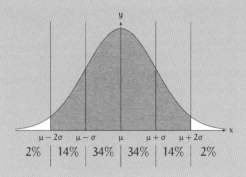

③由 $2 + 14 + 34 + 35 = 50 + 34 = 84$，可知 $x < \mu + \sigma$ 約
佔 84%。

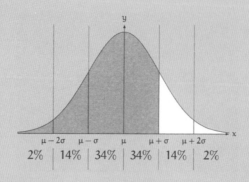

④ $\mu + \sigma < x$ 約佔 2%。

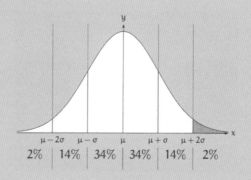

答：①約 68% ②約 96% ③約 84% ④約 2%。

第 4 章的解答

●問題 4-1（計算期望值與標準差）

投擲骰子 1 次會出現 6 種點數：

$$\overset{1}{\boxdot}, \overset{2}{\boxdot}, \overset{3}{\boxdot}, \overset{4}{\boxdot}, \overset{5}{\boxdot}, \overset{6}{\boxdot}$$

試求投擲骰子 1 次出現點數的期望值與標準差。假設所有點數的出現機率皆為 $\frac{1}{6}$。

■解答 4-1

欲求的期望值為『骰子的點數』乘上『點數出現的機率』的總和：

$$
\begin{aligned}
期望值 &= 1 \cdot \frac{1}{6} + 2 \cdot \frac{1}{6} + 3 \cdot \frac{1}{6} + 4 \cdot \frac{1}{6} + 5 \cdot \frac{1}{6} + 6 \cdot \frac{1}{6} \\
&= \frac{1+2+3+4+5+6}{6} \\
&= \frac{21}{6} \\
&= 3.5
\end{aligned}
$$

欲求的標準差等於 $\sqrt{變異數}$，所以先求變異數。變異數的計算可用 p.168 的式子：

$$《變異數》＝《平方的期望值》－《期望值的平方》$$

$$變異數 = \left(1^2 \cdot \frac{1}{6} + 2^2 \cdot \frac{1}{6} + 3^2 \cdot \frac{1}{6} + 4^2 \cdot \frac{1}{6} + 5^2 \cdot \frac{1}{6} + 6^2 \cdot \frac{1}{6}\right) - \left(\frac{21}{6}\right)^2$$

$$= \frac{1^2 + 2^2 + 3^2 + 4^2 + 5^2 + 6^2}{6} - \left(\frac{21}{6}\right)^2$$

$$= \frac{91}{6} - \frac{441}{36}$$

$$= \frac{105}{36}$$

$$= \frac{35}{12}$$

$$標準差 = \sqrt{\frac{35}{12}}$$

答：期望值為 3.5、標準差為 $\sqrt{\frac{35}{12}}$。

●問題 4-2（骰子遊戲）

試求擲骰子得分的單人遊戲，遊戲①與遊戲②玩 1 輪下來，各遊戲的得分期望值。

遊戲①

投擲骰子 2 次，得分為擲出點數的乘積。
（擲出 ⚂ 和 ⚄，得分為 $3 \times 5 = 15$）

遊戲②

投擲骰子 1 次，得分為擲出點數的平方。
（擲出 ⚃，得分為 $4^2 = 16$）

■解答 4-2

假設遊戲①的期望值為 E_1、遊戲②的期望值為 E_2。

遊戲①

假設擲兩次骰子出現的點數分別為 k、j，則得分為 kj，點數出現 k、j 的機率為 $\frac{1}{6 \cdot 6}$。k、j 分別代入 1 至 6，$\frac{kj}{6 \cdot 6}$ 的總和即為期望值 E_1：

$$E_1 = \sum_{k=1}^{6} \sum_{j=1}^{6} \frac{kj}{6 \cdot 6}$$

$$= \frac{1}{36}(1 \cdot 1 + 1 \cdot 2 + \cdots + 1 \cdot 6 + 2 \cdot 1 + 2 \cdot 2 + \cdots + 2 \cdot 6$$

$$+ 3 \cdot 1 + 3 \cdot 2 + \cdots + 3 \cdot 6 + 4 \cdot 1 + 4 \cdot 2 + \cdots + 4 \cdot 6$$

$$+ 5 \cdot 1 + 5 \cdot 2 + \cdots + 5 \cdot 6 + 6 \cdot 1 + 6 \cdot 2 + \cdots + 6 \cdot 6)$$

$$= \frac{441}{36}$$

$$= \frac{49}{4}$$

遊戲②

假設擲一次骰子出現的點數為 k，則得分為 k^2，點數出現 k 的機率為 $\frac{1}{6}$。k 分別代入 1 至 6，$\frac{k^2}{6}$ 的總和即為期望值 E_2：

$$E_2 = \sum_{k=1}^{6} \frac{k^2}{6}$$

$$= \frac{1}{6}(1^2 + 2^2 + 3^2 + 4^2 + 5^2 + 6^2)$$

$$= \frac{91}{6}$$

答：遊戲①的期望值為 $\frac{49}{4}$、遊戲②的期望值為 $\frac{91}{6}$。

補充

　　遊戲①與遊戲②的期望值，分別為下表所列數值的平均數：

	1	2	3	4	5	6
1	1	2	3	4	5	6
2	2	4	6	8	10	12
3	3	6	9	12	15	18
4	4	8	12	16	20	24
5	5	10	15	20	25	30
6	6	12	18	24	30	36

遊戲①的得分（出現點數的積）

1	2	3	4	5	6
1	4	9	16	25	36

遊戲②的得分（出現點數的平方）

第 5 章的解答

●問題 5-1（計算期望值）

在投擲公正骰子 10 次的試驗，假設隨機變數 X 為出現的點數和，試求 X 的期望值 $E[X]$。

■解答 5-1

假設隨機變數 X_k 為第 k 次出現的點數，由問題 4-1 的結果（p.273），可知：

$$E[X_1] = E[X_2] = \cdots = E[X_{10}] = 3.5$$

又下式成立：

$$X = X_1 + X_2 + \cdots + X_{10}$$

利用**期望值的線性性質**求，$E[X]$：

$$
\begin{aligned}
E[X] &= E[X_1 + X_2 + \cdots + X_{10}] \\
&= E[X_1] + E[X_2] + \cdots + E[X_{10}] \\
&= 10 \times 3.5 \\
&= 35
\end{aligned}
$$

<u>答：期望值為 35。</u>

●問題 5-2（二項分布）

下圖為投擲公正硬幣 10 次正面出現次數的機率分布，亦即二項分布 $B(10, \frac{1}{2})$ 的圖形：

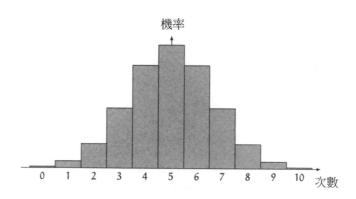

投擲公正硬幣 10 次
正面出現次數的機率分布
二項分布 $B(10, \frac{1}{2})$

試作投擲公正硬幣 5 次正面出現次數的機率分布，亦即二項分布 $B(5, \frac{1}{2})$ 的圖形。

■解答 5-2

投擲公正硬幣 5 次正面出現次數的機率分布，其表格如下：

k	0	1	2	3	4	5
$\dfrac{\binom{5}{k}}{2^5}$	$\dfrac{1}{32}$	$\dfrac{5}{32}$	$\dfrac{10}{32}$	$\dfrac{10}{32}$	$\dfrac{5}{32}$	$\dfrac{1}{32}$

二項分布 $B(5, \frac{1}{2})$

以此作圖，如下：

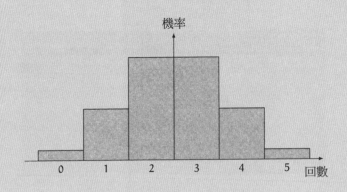

投擲公正硬幣 5 次正面出現次數的隨機分佈

二項分布 $B(5, \frac{1}{2})$

●問題 5-3（錯誤率（顯著水準））

在第 5 章，對於蒂蒂詢問錯誤率（顯著水準），米爾迦回應：「這是假設發生錯誤的機率」（p.209）。試問若錯誤率愈高，什麼錯誤發生的可能性愈高？

■解答 5-3

錯誤率愈高，拒絕域愈大，發生「虛無假設為真卻遭到拒絕」的可能性愈高。

　　　　　　答：虛無假設為真，卻遭到拒絕的錯誤。

補充

錯誤率愈高，發生「虛無假設為真卻遭到拒絕」的可能性愈高。相反地，錯誤率愈低，發生「虛無假設為偽卻未遭拒絕」的可能性愈高。這兩種錯誤分別稱為「第一型錯誤」及「第二型錯誤」。

第一型錯誤：虛無假設為真，卻遭到拒絕的錯誤。

第二型錯誤：虛無假設為偽，卻未遭拒絕的錯誤。

●問題 5-4（假設檢定）

根據 p.208 的假設檢定，某人提出虛無假設『硬幣是公正的』，投擲硬幣 10 次的結果：

正反正正反反反正正正

於是，他提出下述主張：

主張

在投擲硬幣 10 次出現機率皆相同的 1024 種情形中，「正反正正反反反正正正」僅有 1 種。所以，該情形的出現機率為 $\frac{1}{1024}$。因此，在錯誤率 1% 下，拒絕虛無假設『硬幣是公正的』。

試問該主張正確嗎？

■解答 5-4

該主張錯誤。

如同 p.208 提出虛無假設『硬幣是公正的』，在錯誤率 1% 下進行假設檢定。「反反反反反反反反反反」與「正反正正反反反正正正」的出現機率皆為 $\frac{1}{1024}$，但卻會產生下述的不同：

- 「反反反反反反反反反反」能夠拒絕虛無假設。
- 「正反正正反反反正正正」不能拒絕虛無假設。

　　產生此不同的理由，可由假說檢定中的檢定統計量來討論。為了拒絕虛無假設，必須在虛無假設下發生『意外情況』，而『意外情況』是根據『正面出現次數』來判斷。換言之，『正面出現次數』是假設檢定步驟（p.205）的檢定統計量。

　　這邊以『正面出現次數』的檢定統計量，表現在虛無假設下的『意外情況』。根據虛無假設，『正面出現次數』的機率分布會是二項分布 $B(10, \frac{1}{2})$，此時偏離二項分布中央愈遠，可說發生『意外情況』。具體來說，『正面出現次數』愈接近 0 或者 10，可說發生『意外情況』。偏離二項分布中央多少檢定統計量，會發生足以拒絕假設的『意外情況』，取決於假設檢定中的拒絕域。

　　「反反反反反反反反反反」的情況偏離二項分布的中央，『正面出現次數』的檢定統計量落在拒絕域中，發生『意外情況』，能夠拒絕虛無假設。

　　然而，「正反正正反反反正正正」的情況未落在拒絕域，未發生『意外情況』，所以不能拒絕虛無假設。

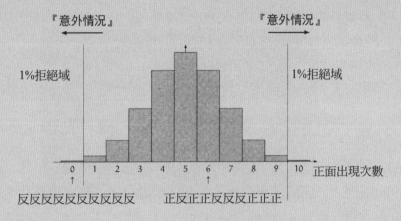

『正面出現次數』的隨機分布

　　這邊是假設每次的投擲硬幣皆為獨立事件。本書中採用
「雙側檢定」，在分布的兩側取拒絕域。除此之外，還有在單
側取拒絕域的「單側檢定」。

獻給想要深入思考的你

　　我們特別準備了一些全然不同的題目，獻給除了本書的數學對話外，還想要深入思考的你。本書中不會提供這些題目的解答，而且正確答案可能不只一個。

　　請試著獨自研究，或找對這些問題有興趣的同伴，一起仔細思考吧。

第 1 章　圖表的詭計

●研究問題 1-X1（尋找引起誤解的圖表）
在第 1 章，「我」和由梨繪製許多圖表，其中包括「引起誤解」的圖表。試著尋找自己身邊有沒有「引起誤解的圖表」，並敘述該圖表會招致什麼樣的誤解。

第 2 章　平分均勻的平均數

●研究問題 2-X1（算術平均與幾何平均）

平均有許多種，在第 2 章提到，將數值相加再除以數值個數 n 的算術平均。除此之外，還有將數值相乘再開 n 次根號的幾何平均。假設有兩個數值（x_1 與 x_2），算術平均與幾何平均如下：

$$\frac{x_1 + x_2}{2} \qquad \sqrt{x_1 x_2}$$

算術平均　　　幾何平均

試比較當 $x_1 \geqq 0$、$x_2 \geqq 0$ 時，算術平均與幾何平均的大小。

●研究問題 2-X2（平均數的可能值）

投擲骰子 1 次會出現 6 種點數：

$$\underset{1}{\boxdot}, \underset{2}{\boxdot}, \underset{3}{\boxdot}, \underset{4}{\boxdot}, \underset{5}{\boxdot}, \underset{6}{\boxdot}$$

試問投擲骰子 10 次，出現點數的平均數有幾種可能值？

●研究問題 2-X3（平均數）

假設 n 為正整數。若 X 的 n 次方程式 $x^n = 1$ 的解為 $x = a_1, a_2, \cdots, a_n$，試求：

$$\frac{\alpha_1 + \alpha_2 + \cdots + \alpha_n}{n}$$

第 3 章　標準化分數的驚奇感

●研究問題 3-X1（變異數的一般化）

在第 3 章，提到變異數是『偏差平方』的平均數（p. 102）。變異數的定義如下式：

$$\frac{(x_1 - \mu)^2 + (x_2 - \mu)^2 + \cdots + (x_n - \mu)^2}{n}$$

將該定義一般化（m 為正整數）：

$$\frac{(x_1 - \mu)^m + (x_2 - \mu)^m + \cdots + (x_n - \mu)^m}{n}$$

此統計量表示了 $x_1, x_2, \cdots, x_n$ 的什麼性質？試著以不同的 m 值來討論。

●研究問題 3-X2（變異數的關係式）

在第 3 章，提到變異數與平均數的關係式（p.109）。

《a 和 b 的變異數》 = 《a^2 和 b^2 的平均數》 −

《a 和 b 的平均數》^{2}

試證一般化為 n 個數值後，會如下式：

$$\frac{1}{n}\sum_{k=1}^{n}(x_k - \mu)^2 = \frac{1}{n}\sum_{k=1}^{n}x_k^2 - \left(\frac{1}{n}\sum_{k=1}^{n}x_k\right)^2$$

其中，μ 是 $x_1, x_2, \cdots, x_n$ 的平均數。

●研究問題 3-X3（尋找標準差）

在第 3 章，米爾迦說道：「應該在確認平均數和標準差兩者之後，才能證明『厲害』」（p.136）。試著尋找身邊的統計數據（測驗分數、各國人口、交通事故數等），除了記載「平均數」之外，有無記載「標準差」。

第 4 章　投擲硬幣 10 次

●研究問題 4-X1（第 10 次的判斷）

某人投擲硬幣 9 次，結果為：

正反正正反反反反反

（正面 3 次、反面 6 次）。該人在投擲第 10 次前，主張：

投擲硬幣第 10 次時：

- 正面出現 3 次的組合數為 $\binom{10}{3} = 120$

- 正面出現 4 次的組合數為 $\binom{10}{4} = 210$

所以，投擲第 10 次正面出現的可能性比較高。

你同意嗎？

第 5 章　投擲硬幣的真相

●研究問題 5-X1（機率不為 0 時）

在第 5 章，「機率不為 0，就有可能發生——的確是有其可能。」米爾迦說道（p.202）。針對「機率不為 0，就有可能發生」的說法，你同意嗎？試著思考下面的敘述：

- 投擲硬幣 1000 次時，全部出現正面的機率不為 0。
- 投擲硬幣 1 億次時，全部出現正面的機率不為 0。
- 投擲硬幣 10^{25} 次時，全部出現正面的機率不為 0。
- 桌子下方充滿空氣，空氣中的氣體分子發生細微振動。由於其振動方向全部一致的機率不為 0，因此，桌子突然飛向空中的機率不為 0。

●研究問題 5-X2（范紐曼架構）

下述狀況是即便硬幣不均勻，仍可模擬『公正的硬幣』的范紐曼架構（von Neumann architecture）＊。

> 步驟 1. 投擲硬幣 2 次。
> 步驟 2. 出現「正正」或者「反反」，退回步驟 1。
> 步驟 3. 出現「正反」，定義模擬結果為「正」。
> 步驟 4. 出現「反正」，定義模擬結果為「反」。

假設投擲硬幣滿足下述條件，請探討此架構是否正確模擬『公正的硬幣』。

- 硬幣出現「正面」的機率一定為 p。
- $p \neq 0$ 且 $p \neq 1$。
- 每次的投擲硬幣皆為獨立事件。

＊John von Neumann, "Various Techniques Used in Connection with Random Digits." Applied Mathematics Series, vol. 12, U.S.National Bureau of Standards, 1951, pp.36-38. 利用電腦硬體產生亂數，以矯正 0 與 1 的生成機率偏誤，此方法沿用迄今。

後記

　　大家好，我是結城浩。

　　感謝各位閱讀《數學女孩秘密筆記：統計篇》。一聽到統計，許多人可能會認為是從數據的眾多數值計算平均數。雖然平均數很重要，但平均數僅表達數據的部份樣貌而已，標準差才是關鍵。大家是否和女孩們一起領會標準差的魅力了呢？

　　本書由cakes網站所連載的《數學女孩秘密筆記》第一百二十一回至一百三十回重新編輯而成。如果您讀完本書，想知道更多關於《數學女孩秘密筆記》的內容，請您一定要來這個網站看看。（註：請搜尋「結城浩 cakes」）

　　《數學女孩秘密筆記》系列，以平易近人的數學為題材，描述國中生的由梨、高中生的蒂蒂、米爾迦，以及「我」，四人盡情談論數學的故事。

　　這些角色亦活躍於另一個系列《數學女孩》，這是以更深廣的數學為題材，所寫成的青春校園物語，推薦您務必一讀！特別是在《數學女孩：哥德爾不完備定理》詳盡敘述了數學機率。

　　請支持《數學女孩》與《數學女孩秘密筆記》這兩部系列作品！

　　日文原書使用 LaTeX2ε 與 Euler 字型（AMS Euler）排版。排版參考了奧村晴彥老師所作的《LaTeX2ε 美文書編寫入門》與吉永徹美所作的《LaTeX2ε 辭典》，書中的作圖則使用 OmniGraffle、TikZ、TEX2img 等軟體作成。在此表示感謝。

感謝下列各位，以及許多不願具名的人們，在寫作本書時幫忙檢查原稿，提供寶貴的意見。當然，本書內容若有錯誤，皆為我的疏失，並非他們的責任。

井川悠佑、石井遙、石宇哲也、稻葉一浩、
上原隆平、植松彌公、內田大暉、內田陽一、
岡崎圭亮、鏡弘道、北川巧、菊池夏美、
木村巖、統計桑、西原史曉、原和泉、
藤田博司、梵天結鳥（medaka-college）、
前原正英、增田菜美、松浦篤史、三宅喜義、
村井建、山田泰樹、山本良太、米內貴志

感謝一直以來負責《數學女孩秘密筆記》與《數學女孩》兩個系列日文版之編輯工作的 SB Creative 野哲喜美男總編輯。
感謝 cakes 的加藤貞顯。
感謝協助我執筆的各位同仁。
感謝我最愛的妻子與兩個兒子。
感謝閱讀本書到最後的各位。
那麼，我們在下一本《數學女孩秘密筆記》再會囉！

結城浩
www.hyuki.com/girl/

索引

Note

國家圖書館出版品預行編目（CIP）資料

數學女孩秘密筆記：統計篇／結城浩作；衛宮
紘譯. -- 初版. -- 新北市：世茂, 2017.09
　　面；　公分. --（數學館；30）

　ISBN 978-986-94805-3-6（平裝）

　1.統計學　2.通俗作品

510　　　　　　　　　　　　106009539

數學館 30

數學女孩秘密筆記：統計篇

作　　者／結城浩
譯　　者／衛宮紘
審　　訂／洪萬生
主　　編／陳文君
責任編輯／曾沛琳
封面設計／李芸
出 版 者／世茂出版有限公司
地　　址／（231）新北市新店區民生路 19 號 5 樓
電　　話／（02）2218-3277
傳　　真／（02）2218-3239（訂書專線）
　　　　　　（02）2218-7539
劃撥帳號／19911841
戶　　名／世茂出版有限公司　單次郵購總金額未滿 500 元（含），請加 60 元掛號費
世茂官網／www.coolbooks.com.tw
排版製版／辰皓國際出版製作有限公司
印　　刷／世和彩色印刷股份有限公司
初版一刷／ 2017 年 9 月
　　二刷／ 2021 年 8 月

I S B N ／ 978-986-94805-3-6
定　　價／ 350 元